思考力、教養、雑学が一気に身につく！

東大王・伊沢拓司の最強クイズ100

伊沢拓司

Prolog

　本書を手にとってくださり、ありがとうございます。伊沢です。

　本書には、100問のクイズと、たっぷりの解説を収録しています。とはいえ、肩肘張って読む必要はありません。知っている問題を意気揚々と答えたり、知らない問題でもひと駅分悩んで答えを考えてみたり、解説をサラリと流し読みしたり、はたまた付箋とマーカー片手に立ち向かったり、色々な楽しみ方があると思っています。色んな場所に持ち運んでやってください。

　そもそも僕がクイズにハマったひとつのきっかけは、「クイズ」と「日常」が行ったり来たりして溶け合っていく感覚の楽しさでした。日常で得た知識がクイズの役に立ち、クイズで得た知識に日常で再会し……そのルーティンがクイズの美しく、かつ人生の役にも立つ

魅力だと思います。このアリ地獄的な螺旋が、クイズの世界へと僕を引きずり込んでいったのです。

　本書の中にみなさんの日常が、もしくはみなさんの日常の中に僕のクイズで触れた何かがあったら、これほどうれしいことはありません。ぜひ、この本を通じて日常とクイズの溶け合う新しい世界にも寄り道してみてください。

「思考力」や「教養の喜び」は、その世界で遊んでいるうちに自然とついてきてくれるはずです。楽しくて、役にも立つんだから、まさに最強ですね！

　この本の最強のクイズを作るにあたり、本当に多くの方からヒントや気付きをいただきました。今までお話しさせていただいたすべての方が僕に「クイズの種」をくれました。これからも種を交換し続けましょう！

　　　　　　　　　　　　　　　　　　　伊沢拓司

みんなが気になる頭脳の中身、
東大王 伊沢拓司

伊沢拓司(いざわたくし)

伊沢とクイズとの出会いは、
中学1年生の部活動勧誘会。
軽い気持ちで立ち寄った「クイズ研究会」で
「勝つこと」の楽しさに引き込まれたのがきっかけだ。
なんと、クイズに興味を持ったのと、
クイズを始めたのが同じタイミングだったのだ。
そしてそれが、
伊沢の人生を激変させる運命の第一歩だった。
今や「クイズが人生の半分を占めている」と
言い切るまでになった伊沢は
数々の大会で実績を残し、
押しも押されもせぬプレーヤーとして
クイズ界で君臨している。
どんどん進化し続けるスーパーヒーローは、
まだとどまるところを知らない。

一体どうなってるの!? を徹底解剖!

クイズ番組『東大王』でも、圧倒的な知識で次々とクイズを攻略し、
もはや"向かうところ敵なし"感を発揮している伊沢拓司。
最強頭脳を持った24歳は、一体何を考えて、どんな生活をしているのか。
密着取材と質問攻めで、その中身を暴いてみた!

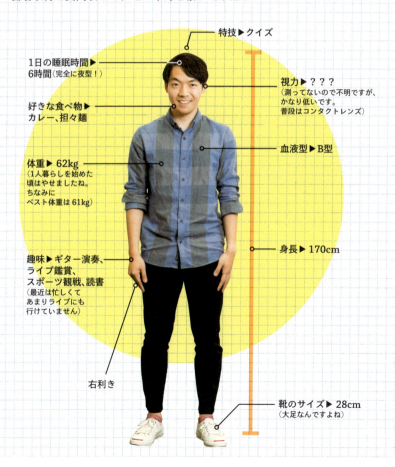

特技 ▶ クイズ

1日の睡眠時間 ▶ 6時間(完全に夜型!)

視力 ▶ ???
(測ってないので不明ですが、かなり低いです。普段はコンタクトレンズ)

好きな食べ物 ▶ カレー、担々麺

血液型 ▶ B型

体重 ▶ 62kg
(1人暮らしを始めた頃はやせましたね。ちなみにベスト体重は61kg)

趣味 ▶ ギター演奏、ライブ鑑賞、スポーツ観戦、読書
(最近は忙しくてあまりライブにも行けていません)

身長 ▶ 170cm

右利き

靴のサイズ ▶ 28cm
(大足なんですよね)

伊沢拓司をもっと詳

番組ではなかなか知ることのできない中身を、
さらに詳しく探ってみた！　意外？　それとも納得！？

自分が一番落ち着く場所は
自分の家です。
基本はインドアなんです。

結婚願望は
今のところありません。
変わるかもしれないけど。

好きな女性のタイプ
性格がはっきりしている人。生活にメリハリのある人。

お酒は飲む？
ビール好きです。
でも家では飲みません。

愛用の携帯
Sonyの
エクスペリア

今一番欲しいもの
車。
移動性がいいから。僕は人より物欲が強いかもしれません。

1日のタイムスケジュールは？

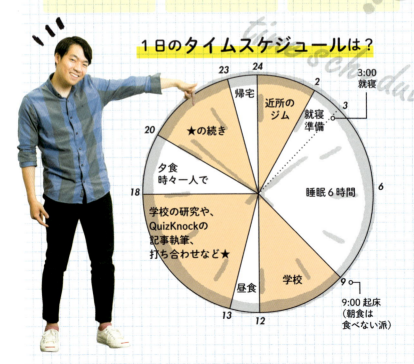

- 3:00 就寝
- 就寝準備
- 睡眠6時間
- 9:00 起床（朝食は食べない派）
- 学校
- 昼食
- 学校の研究や、QuizKnockの記事執筆、打ち合わせなど★
- 夕食 時々一人で
- ★の続き
- 帰宅
- 近所のジム

しく知る、20の質問!

家族構成は
父、母。
一人っ子です。

自分で思う自分の性格は?
調子に乗りやすい、気分屋

人から言われる自分の性格は?
明るい。
でも、実はあんまり人付き合いをしない。

落ち込んだ時はどうする?
音楽を聴いて早めに寝る!

今までで一番うれしかった時
高校生クイズで初めて優勝した時

好きな映画
『羊たちの沈黙』
『ハンニバル』

好きなミュージシャン
山崎まさよし、スガシカオ、山下達郎、EGO-WRAPPIN'

これまでにしたバイト
塾のチューター、生徒指導、TV番組やアプリ用のクイズ作成

今一番行きたい場所
タイ。
東南アジアが好きなんです。のんびり過ごしたい。

よく使うアプリ
プロ野球速報を見るのに「Sports navi（スポーツナビ）」。巨人ファンです!それと、海外のサッカー中継を見るのに「DAZN（ダゾーン）」。他は「日経電子版」。

今までで一番高い買い物は?
大学2年の時にギターに25万はたいたこと。そのあとの家賃をやりくりするのが大変だった〜!

好きなテレビ番組
『水曜日のダウンタウン』(TBSテレビ)。『パネルクイズ アタック25』(朝日放送)は中学生から見ています!

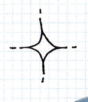

座右の銘は?

無知を恥じず、
無知に甘える
ことを恥じる

伊沢拓司の私生活に密着！

現役の東大大学院生でもある伊沢は、週2日通学しながらQuizKnock（P162）の業務、番組の収録をこなすという、超多忙な生活を送っている。今回は、そんな伊沢に密着取材を敢行！

通学の日

僕の本来の姿はこちらです！

東大赤門前にて。「経済学部の頃からここに来ています。大学院はこの門から少し距離があるんですが、基本的に大学時代とあまり環境が変わらないのがいいですね。構内は自転車で移動するくらい広いんですよ」

「赤門前の通りがすごく好きです」

友達とばったり会うこともしばしば

学校近くの喫茶店で

「落ち着いた雰囲気が好きですね」

お気に入りは、「セイロン風カレーライス」。アイスティーとセットで980円。「いただきます！」

「午後時間がある時に、赤門前の喫茶店『ルオー』によく来ます。静かなので、のんびりクイズを考えたり、学校の研究のアイディア出しをしたりするのにぴったりなんです」

「結構しっかりした味で、食べごたえがあるんです。汗かいてきました！」

趣味の時間

池袋が"ホーム"です！

「これが僕のお気に入りセット。汁なし担々麺（800円）、皮も手作り水餃子（5個、490円）、青島ビール（500円）。いつも同じメニューです。汁なし担々麺はしびれる辛さにやみつき！」

「高校が池袋近くだったので、何かと縁があって好きなんです。どこか行こうって思ったら、大抵池袋に足が向きますね。中華料理店『楊』は、高校生の頃に教えてもらって以来大好きな店。試験が終わった後によく来ていました。未だによく訪れて同じメニューを食べています」

「あー、旨いなあ。高校生の時はビール飲めなかったから、今は幸せ！」

撮影時、偶然池袋で行われていた古本市に立ち寄り。「本や雑誌が好きなので、書店や古本市はよく行きますね。どちらかというと僕は小説よりもエッセイや詩をよく読むんです。好きなのは大槻ケンヂさん。最近は推理作家の藤原伊織さんの作品もよく読んでいます」

「単館系の映画が好きなんです。フラッと訪れて、上映しているものをチェックします」

さすがは野球好き！昔の野球本を見つけて夢中に

池袋シネマ・ロサ。「ここも、高校生の頃から来ている思い出の場所です」

トレーニング

足の筋肉を鍛える「シーテッド・レッグ・プレス」は、定番の筋トレメニュー。なんと、トレーニング中のBGMは、過去のクイズだとか！

体づくりのために、鍛えて増す！

半年前から体力作りのためにジムに通い始めた。「運動不足解消も兼ねて。最近やっとちゃんと走れるようになってきたので、チームを組んで皇居外周で時々練習もします」

家での時間

ギター、得意ですよ。歌も歌います。

「ボイストレーニングを受けて、歌も練習しました。最近はあんまりゆっくり弾く時間がないので、ちょっと下手になっちゃった……」

以前はライブにも出演していたほどの腕前。「きっかけは高校の授業でアコースティック・ギターを習ったこと。それから、かなりのめり込んで練習しましたね」

休日は「クイズ大会」にも参加

2018年4月30日に開催された「第18回勝抜杯」（@文京シビックセンター）に出場。全国の競技クイズ愛好者263人が参加し、予選から決勝まで6時間以上にも及ぶ真剣勝負が行われました。日本一のクイズ王を決めるようなハイレベルな大会で、会場は熱気にあふれていました。残念ながら伊沢は、誤答により1回戦で失格。「功を焦りました。去年は3位だったので悔しいです。でも、先輩方の素晴らしい試合が楽しかったです」。

「勝抜杯」1回戦 早押しクイズの様子

伊沢

取材協力：喫茶ルオー、楊 2号店、エニタイムフィットネス文京春日店

Contents

はじめに
2

みんなが気になる頭脳の中身、一体どうなってるの!?
東大王　伊沢拓司を徹底解剖！
4

伊沢流！クイズの解き方ガイド　クイズ上達への道
12

クイズの楽しさは解くだけではない！
クイズを作る作業は大変だけど面白い！
16

東大王・伊沢拓司の最強クイズ100

言葉編　17

謎解き編　27

社会編　39

科学編　67

文化編　85

恋愛編　101

ライフ編　117

スポーツ編　133

ここまで解けた君は、「東大王」だ！
161

知的集団！QuizKnockの裏側に潜入！
162

クイズを解くことで世の中の見方が変わる！
東大王・伊沢拓司×
桜雪（東大出身アイドル・仮面女子メンバー）
169

BOOK STAFF

デザイン：TYPEFACE　　　　DTP：東京カラーフォト・プロセス
撮影：山神千里　　　　　　編集協力：田中健一　河辺さや香
イラスト：江村麻紀　　　　　　　　　　川上拓朗　河村拓哉
企画協力：TBS　　　　　　　企画・構成：松浦美帆

> 伊沢流!
> クイズの
> 解き方ガイド

クイズ上

クイズをやみくもに解くだけではもったいない!
クイズを解き始める前に
「伊沢流!クイズの解き方ガイド」を
頭の片隅に入れておきましょう。
上達するための秘訣やクイズを
より楽しむためのポイントをおさえておけば、
クイズがもっと楽しくなりますよ。

> 3つのポイントを
> おさえて、クイズを
> 楽しんでみてね。
> クイズがみるみる
> 上達すること間違いなし!

その1
得意分野の
クイズに強くなれ!

「好きこそ物の上手なれ」というように、自分が好きな分野の知識や教養ならば、自然と詳しくなるものです。僕の場合は「スポーツ」が一番得意ですが、みなさんも「ファッション」、「食べ物」、「ニュース」など、得意分野の知識を普段から蓄積しておくと◎。

達への道

その 2
問題文を読んで
クイズのジャンルを見極めよ！

本書では、クイズを「知識」「博識」「発想力」「面白エピソード」の4つのジャンルに分けています。「知識」「博識」は、わからなければ考え込まず解説を読んでOK。「発想力」「面白エピソード」は、知らなくても解けるのでシンキングタイムも楽しんでみてください。

その 3
解説を読んで
クイズの面白さを鑑賞せよ！

クイズを解く楽しさ、正解したときの快感だけではなく、解説を読んで味わう面白さも追求し本書を手がけました。解説が面白ければ、自然と知識や教養も身につきます。僕の個人的なエピソードや突っ込みも盛り込んでいます。

本書にはクイズ上達への

本書には、クイズ上達へのカギとなる工夫が散りばめられています。
ポイントをしっかりおさえておきましょう。

8つの分野の クイズを バランスよく出題

「言葉」「謎解き」「社会」「科学」「文化」「恋愛」「ライフ」「スポーツ」の8つの分野のクイズをバランスよく出題しています。得意分野のクイズに集中して解くもよし、苦手分野のクイズに挑戦するもよし！ 自由に楽しんでみてください。

クイズの レベルアイコン

クイズの難易度がひと目でわかるよう、**5段階のレベルアイコン**をつけています。「易」→「難」順に出題していますので、ご自身のクイズ偏差値を測る指標にしてみてください。

クイズのジャンル別アイコンの解説

クイズは、「知識」「博識」「発想力」「面白エピソード」の4つのジャンルに分けています。各ジャンルを見極めたうえでクイズに向き合うとよりクイズを鑑賞することができますよ。

常識

多くの人が正解できる問題。
そのジャンルの入門的な、
覚えておくと得な一問。

博識

そのジャンルに精通した人なら
正解できる、ツウな一問。
覚えれば一目置かれる!?

ポイントが盛りだくさん！

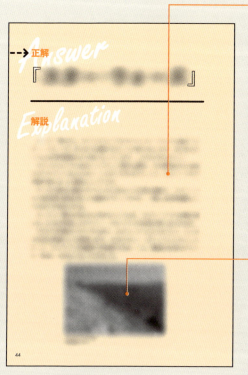

充実した解説＆エピソード

クイズを解いて正解を見るだけでは、その面白味は半減してしまいます。出題問題の背景に触れることで思考力や知識、教養がどんどん深まっていくのです。僕の面白エピソードや突っ込みなども盛り込んでいますので、じっくり味わってみてください。

解説に付随する写真＆イラスト

クイズの解説に関係のある写真やイラストを掲載しています。クイズの解説をよりわかりやすく理解できるはずです。

> 解説のページもじっくり読んでクイズの面白さを味わってみてね！

発想

問題文をヒントに、様々な知識を組み合わせ答えを推測する問題。諦めず考えれば当たるかも！

面白

取り扱った物自体が面白かったり、珍奇なエピソードがあったり、ぜひ皆さんに紹介したいもの。

クイズの楽しさは解くだけではない！

クイズを作る作業は大変だけど面白い！

何か面白いことを思い出したり発見したりした時、僕たちクイズプレーヤーはそれをクイズの形にして、感動を半永久的に保存しようと試みます。しかし、事実を歪めることなく切り取り、さらにその中の「面白さ」をわかりやすく抽出することは存外に大変な仕事です。

クイズには気取った麗句も洒脱な比喩も不要。ただ事実を簡潔に切り取り、無駄のない文章にまとめ、なおかつ出す相手に「その事実を問う面白さ」を伝えなければなりません。

それだけに、骨折り甲斐のある興味深い出来事に出会ったり、細かな助詞を精緻に配した珠玉の一問が出来上がったりした時の喜びは、ただ単にクイズに正解した時の愉悦を遥かに超えることもあります。

……ということで今回は、そんな僕個人の感動をお伝えできるような問題群を揃えてみました。事実が面白いもの、改めてフォーカスすると気付きのあるもの、発想力の先に「なるほど！」があるもの。競技クイズの定番とは少し違うものばかりですが、それだけ多くの人に挑戦していただける問題群だと考えています。

日常で得た知識がクイズの役に立ち、クイズで得た知識に日常で再会し……そのルーティンがクイズの美しく、かつ役にも立つ魅力だと思います。このアリ地獄的なルーティンを、みなさんもぜひ、楽しんでみてください。

僕が作った最強クイズ100問を「解答」しつつ「鑑賞」してみてね！

問題1

元々はお寺や神仏に関わりのある日のことで、その際にお祭りも行われていたことから、現在ではお寺で行われるお祭りや、屋台が集まる日を指すようになったのは何?

問題2

元々は民俗学などにおいて「身の回りに起きた実話」という形で語り継がれていく民話を指していた言葉で、現在ではもっぱら「当たり障りのない雑談」という意味で使われている言葉は何?

正解 *Answer*

縁日

解説 *Explanation*

　縁日とは「縁ある日」と書くように、元々はそのお寺に何かしら縁のある日のこと。お寺ができた日だったり、祀られている神様の記念日だったりが指定されることが多いようです。

　たとえば、菅原道真を祀っている各地の天満宮では、道真の命日に当たる毎月25日を縁日としています。この日には人が集まり、境内では催し物が行われ屋台などが出たことから、現在ではそのようなお祭り自体を指すようになりました。神社やお寺によっては、縁日を一覧化した看板が立っていることもあります。今度参拝する時は、要チェック！

正解 *Answer*

世間話

解説 *Explanation*

　「世間話」という言葉は、元々「昔話」や「伝説」と並べて使われた用語で、特定の語り口を持たず、証拠などを持たない体験談的な民話を指していました。

　そもそも「世間」という言葉自体が「現世の中の迷いの世界」を指す仏教用語であり、「世の中」という意味は後から付けられたもの。

　今わたしたちが当たり前に使っている言葉の意味は、意外にも最近できたものだったりします。

問題 3

競馬においては「障害」の、地理においては「山地」の対義語となる二字熟語は何？

問題 4

アイルランドで土地を管理していた際、農民の小作料（地主に払う土地の使用料）引き下げ要求を断ったため、非暴力での激しい抵抗運動に苦しんだイギリスの貴族で、現在でも「ある商品や行動を拒否する運動」にその名を残しているのは誰？

--->　正解　Answer

平地

解説　Explanation

　競馬では「へいち」または「ひらち」、地理では「へいち」と読みます。

　競馬における「平地競走」とは、一般に思い浮かべる「競馬」そのものであり、コース中に障害物がある「障害競走」、そりを引っ張る「ばんえい競走」を除いたレースのことです。

　地理の「平地」とは、厳密には科学的な用語ではなく、ただ単に平らな土地を指します。平地の中でも、低いところにあり海に面しているものは「平野」と呼ばれます。

--->　正解　Answer

ボイコット

解説　Explanation

　チャールズ・カニンガム・ボイコット大尉は、19世紀末にアイルランドに赴任したイギリス人貴族でした。生活に苦しんでいた農民の小作料引き下げ要求を拒否したボイコットは、逆に農民から食料の提供などを拒否され、地域内で孤立してしまいました。

　この出来事にちなみ、非暴力的な抵抗運動のことを「ボイコット」と呼ぶようになったのです。

　このように、人名にちなんで名付けられた物事を「エポニム」と言います。アキレス腱、沢庵、意外なところではシルエット……などたくさんあります。

問題5

争いや仕事などに決着をつけることを、和歌の終わりにつけられることの多い助動詞を使って何という？

問題6

平安時代や江戸時代に使われていた「湯帷子」という和服が原型となった、現在でも夏によく着られる日本の服といえば何？

正解 Answer

けりをつける

解説 Explanation

　現代でも日常的に使われる「けりをつける」。この「けり」とは、よく誤解されますが「蹴り」ではありません。

　古文の授業でも習う、過去を表す助動詞「けり」がこの表現の由来であり、助動詞としての用法通り「けりをつける」＝「その物事を過去のことにする」という意味を持った言葉なのです。

　この意外な語源から、クイズ番組やクイズ大会では頻出となっています。良い問題は時を経ても色あせることはありませんね。

正解 Answer

浴衣（ゆかた）

解説 Explanation

　湯帷子は「ゆかたびら」と読みます。

　平安時代のお風呂は蒸し風呂で、お湯につかるという形ではありませんでした。湯帷子は麻の薄布で作られており、蒸し風呂でのやけどを防ぐためなどに用いられていたと言われています。鎌倉時代以降はあまり用いられなくなるものの、木綿の普及などに伴い、江戸時代には湯上がり用の着物としてまた一般的に。これが現在の浴衣のもととなり、名前も「ゆかたびら」が変化して「ゆかた」になりました。

問題7

レベル：★★★

英語では "centipede"、漢字では「百足」と書く生き物は何？

問題8

レベル：★★★★

俳句の季語で、「亀○○」「蓑虫（みのむし）○○」「蚯蚓（みみず）○○」「田螺（たにし）○○」の○○に入る共通の動詞は何？

--→ 正解 *Answer*

ムカデ

解説 *Explanation*

"centipede" という単語は、"centi" と "pede" という2つの語根（単語を分割した時の、意味の最小単位）に分けられます。

"centi" はラテン語で「百」を表す "centum" に由来しており、同じく「百」もしくは「百分の一」を表しています。"centimeter"（センチメートル）のセンチですね。"pede" は「足」を示す語根です。"pedal"（ペダル）や "pedicure"（ペディキュア：足に塗るマニキュア）にも見られます。

つまり、これらを合わせると "centipede" ＝「百の足」となるわけです。発想が漢字と全く一緒ですよね！

--→ 正解 *Answer*

鳴く

解説 *Explanation*

なんとかつての日本では、カメもミノムシもミミズもタニシも鳴くと思われていました。「亀鳴く」は鎌倉時代の歌人・藤原為家の和歌から広まった表現で、春ののどかな田んぼでなんとなくカメの鳴き声らしき音が……という「雰囲気」重視の季語です。

「蚯蚓鳴く」も、秋の夜に地面のあたりから聞こえる鳴き声のようなものを指しており、これは実際にはオケラの声とする説もあります。

いずれにせよ思いつき重視の言葉ですが、その風情を好んだ多くの俳人が現代に至るまでこれらの季語を使用しています。

問題9

街なかで見かける「名倉堂」といえば、どのような施設？

問題10

家や物が火事などで燃えてなくなってしまうことを、「烏(からす)」という漢字を使った慣用句で何という？

正解

接骨院／整骨院

解説

江戸時代中期に活躍した名倉直賢（なぐらなおかた）は、江戸の千住（せんじゅ）に「骨接ぎ所」を開設して多くの患者を治しました。その後、名倉家が代々接骨の名医として評判が立つと接骨院の代名詞的存在となり、類似する多くの病院があやかって名倉の名を用いるように。

現在でも「名倉堂」と冠された接骨院が日本各地に存在しています。

正解

烏有（うゆう）に帰す

解説

物が跡形もなくなること、とりわけ燃えてなくなってしまうことを「烏有に帰す」と言います。

「烏」という漢字が使われているものの、実は鳥のカラスは全く関係がありません。「烏有」は書き下（くだ）すと「いずくんぞあらんや」と読み、「どうして有ることがあろうか」、つまり「全くない」という意味になります。

いかにも中国の故事にちなんでいそうな字面なのですが……。

問題1 レベル:★

?に共通して入る漢字は何？

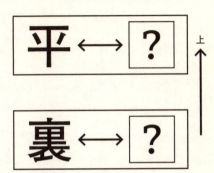

問題2 レベル:★

下の図が表しているものは何？

正解

甲

解説

　まず、長方形で囲われた2つは、それぞれ「手」と「足」を表しています。
　そして、手は「手の平」と「手の甲」に、足は「足の裏」と「足の甲」に分かれますね。
　ということで、□に共通して入る漢字は「甲」です。

正解

オーストラリア

解説

「大陸」の右下にある「＋マニア」は「タスマニア」と読めます。
　大陸の南東方向にタスマニアがついている……そう、オーストラリアですね。

問題 3

レベル：★★

?に入る文字は何？

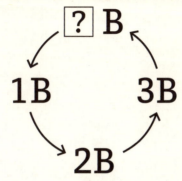

問題 4

レベル：★★

? に入る英単語は何？

king	⇔	kingdom
company	⇔	society
logic	⇔	theory
today	⇔	?

正解 Answer

H

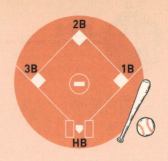

解説 Explanation

　図は野球のベースを表しています。答えはホームベース、つまり「HB」です。

　ホームベース付近のバッターボックスを出発した打者は、1塁ベース、2塁ベース、3塁ベースを回ってホームベースまで帰ってきます。その様子を矢印で表しました。

　野球が身近でない人には、そこそこ難しい問題だったかも？

正解 Answer

Japan

解説 Explanation

⇔はすべて、二字熟語の2つの漢字を逆にするという変換を表しています。

　　国王（king）　　　⇔　王国（kingdom）
　　会社（company）　⇔　社会（society）
　　論理（logic）　　　⇔　理論（theory）

　と来たので、"today"＝「本日」をヒックリ返した「日本」、つまり"Japan"が答えになります。

問題 5

レベル：★★★

| 5 | ← |2| に装着する
|2| 5 | ← |2| と |2| をあわせる

| 5 | と |2| はそれぞれカタカナの
単語で、中の数字は文字数を示している。
それぞれ何？

問題 6

レベル：★★★

(100000000＋10000) ? ≒ 1000000aire
? に入る二字熟語は何？

→ 正解 | 2 | **はアイ、**
| 5 | **はコンタクト**

解説

アイはもちろん "eye"、目のこと。コンタクトは目に装着するものです。

しかし、これらが合わさり「アイコンタクト」になると、意味が変わって「目配せ」を指すようになります。この場合の「コンタクト」は道具ではなく、「連絡を取る」という意味の英語です。

→ 正解

長者

解説

左の数字を漢字に直すと「億＋万」。右の数字を英語に直すと、1000000＝ "million" なので、"aire" をつけると "millionaire"、つまり「億万長者」。

ということで、□□に入るのは長者となります。

謎解き 問題7

レベル：★★★★

ゴ□ボ□
ホ□セ□
スチ□ウ□

□枠に共通して入る2文字は何？

語彙が難しい問題。絞り出してみて！

→ 正解 Answer

ール

解説 Explanation

　それぞれ「ゴールボール」「ホールセール」「スチールウール」になります。言葉が難しいですね。順に見ていきましょう。

　ゴールボールは、3人一組で目隠しをして行うパラスポーツです。女子日本代表が世界的な強豪として知られています。

　ホールセールは、「大量販売」や「大口の業務」を指しています。人気量販店のコストコは、正式には「コストコホールセール」という名前です。

　スチールウールは、理科実験や食器洗いなどにも使われる、鉄を細い糸状にしてまとめたものです。

ゴールボール

ホールセール

スチールウール
写真提供:ピクスタ

問題 8

レベル：★★★★

$$\begin{cases} \bigcirc 4 > \bullet 5 > \bigcirc 5 \\ \bigcirc 4 = \bigcirc 5 \times 2 \end{cases}$$

○、●にはそれぞれ何が入る？

> 日常でよく
> 目にするもの
> についての
> 式です！

→ 正解

○はA、●はB

解説

　これは、それぞれが紙のサイズを表しています。A4（210 mm×297 mm）はB5（182 mm×257 mm）より大きく、B5はA5（148 mm×210 mm）より大きいサイズです。

　また、A4はA5の2倍の大きさと定められています。

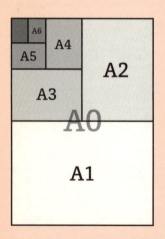
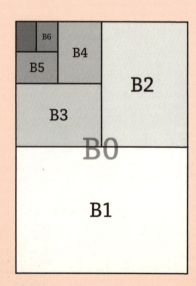

謎解き 問題9　レベル：★★★★★

?に共通して入る漢字は何？

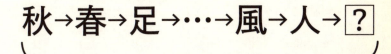

謎解き 問題10　レベル：★★★★★

この2つの単語はそれぞれ何？

ふりがな

白抜きは平仮名、黒は漢字

--→ 正解

Answer

百

解説

　これらの並んでいる漢字は、小倉百人一首の1首目から100首目までの最初の文字を表しています。

　たとえば、最初の「秋」は「秋の田の〜」で始まる天智天皇の歌です。

　そして、最後の歌は順徳院の「百敷や〜」という歌。つまり、百人一首の百首目は「百」から始まっているのです。

　ということで、?に共通して入るのは「百」です。

--→ 正解

Answer

浮気、浮き輪

解説

　「浮」の訓読みは「うく、うかれる」など。「浮気」と書いて「うわき」と読むのは熟字訓という特殊な読み方のひとつです。

　「浮き輪」の「き」から考えるとカンタンに解けたかもしれません。

問題1

新聞などで見られる外国地名の略字表記で、単に「加」と書けばカナダを表しますが、一字足して「加州」と書いたときに表しているのはどこ？

問題2

"hurry"、"lonely"、"critical" など、現在一般的になった英単語を多数作ったと言われる、中世イギリスの文豪は誰？

---> 正解

カリフォルニア州

解説

　かつてカリフォルニアは、漢字の当て字では「加利福尼亜」と書かれていました。この表記は現在ではほとんど見ませんが、字数制限の都合がある新聞上では、カリフォルニアという長い言葉を避けるべく「加州」と表現することが現在でも少なからずあります。

　ロサンゼルスやサンフランシスコなどの大都市を抱えるカリフォルニア州ですが、州都はサクラメント。ゴールドラッシュの際に要所となった都市ゆえに州都となっており、こちらは漢字で書くと「桜府」となります。意外とテキトーですね……。

---> 正解

ウィリアム・シェイクスピア

解説

　世界的な劇作家ウィリアム・シェイクスピアは、1564年にイギリスのストラトフォード・アポン・エイボンで生まれ、膨大な数の作品を残しました。当時のイギリスでは教養を得るため、一定以上の階級の子女はグラマー・スクールと呼ばれる学校に通い、ラテン語を学習していました。シェイクスピアは英語での創作にあたり、それらラテン語の表現を英語に転用し新しい単語を作り出していったのです。

　シェイクスピアの著作は、文学的価値はもちろん、当時の英語について知る言語学的価値からも重宝されています。

発想　社会　問題3　レベル：★★

中国のwebにおいて
「VIIV」
や
「8²」
という表現で書き表される出来事は何？

数字を変換してみるとヒントが……？

正解 Answer

（第二次）天安門事件

解説 Explanation

1989年6月4日、民主化を求めて天安門広場周辺に集まっていたデモ隊に対し、軍隊が攻撃を行う「（第二次）天安門事件」が起こりました。

この事件は発生した日付から「六四」などとも呼ばれていますが、中国共産党にとって最大のタブーであるため、「天安門」「六四」といったワードが検閲対象となり検索ができません。

そのため、ローマ数字で64となる「VIIV」や、計算すると64になる「8^2（8の2乗）」が隠語として用いられています。

天安門事件の様子
写真提供：共同通信社／ユニフォトプレス

問題 4

レベル：★★

レッドウッド国立公園、ティカル国立公園、エトナ山、カゼルタ宮殿といえば、何という映画シリーズのロケ地になった世界遺産？

写真提供:ピクスタ(全て)

僕は、レッドウッドでのシーンが好きです。

正解

『スター・ウォーズ』

解説

　かつて『東大王』でアイルランドのスケリッグ・マイケル島が『スター・ウォーズ』がらみで出題されたことがありましたが、まだまだたくさんの世界遺産がロケ地となっています。しかもどれもキレイ。
　カリフォルニアにあるレッドウッド国立公園は、その景色をひと目見ただけでファンならどのシーンかすぐわかるでしょう。エピソード6で決戦の地となった衛星エンドアです。
　ティカル国立公園はグアテマラにあるマヤ文明の遺跡で、エピソード4で反乱軍の基地があった衛星ヤヴィンですが、一般には世界遺産としてのほうが有名ですね。
　ヨーロッパ最大の活火山であるエトナ山は、エピソード3で決戦の地となった炎の惑星ムスタファー。オビ＝ワンの名言が思い出されます。
　カゼルタ宮殿はイタリアにあり、エピソード1と2でパドメ・アミダラの住む宮殿として登場します。2はナタリー・ポートマンとサミュエル・L・ジャクソンを鑑賞する映画ですね……と、解説の主旨がジャンル「社会」ではなくなってきました。

スケリッグ・マイケル島
写真提供:アフロ

問題5

かつて市販されていた地図にはよく「トラップストリート」と呼ばれる、実際には存在しない通りがいくつか加えられることがありました。
なぜ、このようなウソを載せる必要があった？

問題6

1516年に後奈良天皇によって著された『後奈良院御撰何曽』は、あるものをまとめて掲載した日本初の本でした。
タイトルからもわかる、この本で扱われた「あるもの」は何？

--→ 正解 他の業者に無断で
複製されたとき、
わかるようにするため

解説

　作成に手間がかかる地図は、違法に複製されることが少なくありませんでした。そのような地図を発見し、著作権を守るべく入れられた架空の通りが「トラップストリート」です。このフェイクの道が他社の地図に書かれていたら、自社の地図を複製したことがわかる仕組みです。

　2009年には、Google マップ上でもイギリスに実在しない街「アーグルトン」が記載されていることが判明し、トラップストリートの一種ではないかと噂になりました（現在は削除済み）。地図の誤りについては「幻島」も面白いので、ぜひ調べてみてください。

--→ 正解

なぞなぞ

解説

　『後奈良院御撰何曽』は、日本初の「なぞなぞ本」として文学史にその名を残しています。

　「嵐は山を去って軒のへんにあり」（答えは「風車」）などの出題に見られるように、現在まで使われている定番なぞなぞの多くがここを初出としているのです。

　後奈良天皇は博学な賢人として知られましたが、朝廷財政に余裕がない時には自筆の書を売って足しにするなど政治的には苦しい状況にありました。

問題7

アルゼンチンやウルグアイの国旗のモチーフとなったインカ神話の太陽神・インティを称えるお祭りが芸名の由来である、シンガーソングライターは誰？

問題8

かつては上から覗き込む形でしか鑑賞できなかったため、現在でも「上見」という鑑賞法が推奨されている、日本や中国で古来より愛好されている「芸術品」は何？

正解 ナオト・インティライミ

解説

　シンガーソングライターのナオト・インティライミは、太陽神・インティを称えるお祭り「インティライミ」にその名を由来しています。

　アルゼンチンとウルグアイの国旗に描かれた太陽には「５月の太陽」という名前がつけられていますが、モチーフはこのインティ。右の図柄のように顔をあしらった太陽の姿で描かれることがしばしばです。国旗を見ればわかる通り、顔が描かれた太陽の姿で表されるのが一般的です。

アルゼンチンの国旗
写真提供：ピクスタ

ウルグアイの国旗
写真提供：ピクスタ

正解 金魚

解説

　金魚はその美しさや見た目のバリエーション、縁起の良い名前などにより、古来より中国を中心に愛好されていました。

　その当時、ガラス製の器は一般的ではなく、多くが鉢の中で飼われていたため、金魚は上から覗き込むようにして鑑賞するものでした。そのため、ガラスの金魚鉢が普及した現在においても、鉢で飼って上から鑑賞する方法が風流とされているのです。

問題 9

社会　レベル：★★★

「ペルシャ人」「クルド人」など「○○人」という呼び方で民族を総称する場合、それらをくくる基準は「喋る言語」とするのが一般的です。
しかし、この呼び方が使われる民族の中でほぼ唯一、「信仰する宗教の名前」でくくられる民族集団があります。それは何人？

何気ない定義の意味こそ世界史では大事です！

--→ 正解　Answer
ユダヤ人

解説　Explanation

　世界史における民族の定義とは「同じ言語、文化を共有する集団」であり、国籍の違いは関係がありません。ペルシャ人はペルシャ語を、クルド人はクルド語を話す人々を指し、「アメリカ国籍を持つ人をアメリカ人と呼ぶ」慣例とは分けて考える必要があります（世界史を勉強する上でこの定義は重要になります）。

　このような「○○人」という民族の呼び方の中で、唯一と言って良い特殊例が「ユダヤ人」。ユダヤ人は「民族集団」ではありますが、言語ではなく、ユダヤ教という宗教を共有する集団です。親がユダヤ教を信仰していたり、本人が信徒であればユダヤ人と定義されており、その人の国籍とは関係がありません。

　たとえば、アインシュタインはドイツ、スイス、オーストリア、アメリカの国籍を持っていましたが、もっぱらユダヤ人と紹介されています。

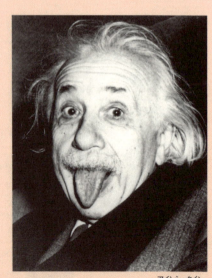

アインシュタイン
写真提供:アフロ

問題 10

日本において、1950年代後半に魚肉ソーセージが大量生産され普及するきっかけとなった、世界的な出来事は何？

問題 11

「ぴよぴよ」と泣くのはヒヨコ。
では、江戸時代の中期まで、その鳴き声が「びよびよ」と書き表されていた生き物は何？

正解 **ビキニ環礁**
水爆実験

解説

　1954年のビキニ環礁水爆実験や、それに伴う第五福竜丸事件でマグロ漁船の被爆が報じられたことから、風評により消費者が離れ、マグロの価格は大暴落しました。

　このときに余ったマグロの処理に際し、魚肉ソーセージに加工され流通するケースが多く、学校給食への採用や人口増加なども相まって一気に大衆食となったのです。

正解

犬

解説

　平安時代から室町時代、そして江戸時代の初期まで、犬の鳴き声は「びよ」「びよびよ」と書き表されていました。江戸時代中期以降は、現在のように「わんわん」がポピュラーになっています。

　これは、言語感覚の変遷以上に、そもそも「犬が変わった」ことが理由として挙げられています。江戸時代までの犬は、飼い犬よりも野犬として接する機会が多く、そばにいないために耳にする鳴き声も遠吠えのようなものが主であったと推測されているからです。

　そもそも英語では "bow-wow" ですし、意外とびよびよも悪くない!?

問題 12

その世界的に有名な顔写真に『英雄的ゲリラ』というタイトルがつけられているのは誰？

問題 13

日本の建造物の高さランキング。
2018年現在、東京スカイツリー、東京タワー、あべのハルカスに次いで4番目に高い、兵庫県の建造物は何？

→正解 チェ・ゲバラ

解説 　キューバ革命を成功させた運動家チェ・ゲバラは、アルゼンチンで生まれ、ボリビアで殺されるまで数多くの国で革命に身を投じました。その反米姿勢と前線に立つ姿が熱狂的支持を受け、今なお反米カルチャーの象徴的存在です。

『英雄的ゲリラ』のプリントTシャツ
写真提供:ユニフォトプレス

　ゲバラを思い浮かべる時、誰しもがこの写真を連想するであろうという一枚は、1960年にアルベルト・コルダによって撮影され『英雄的ゲリラ』と題されました。

　その後はフランス五月革命においてシンボルとして使われたり、芸術家アンディ・ウォーホルの作品で題材となったりして世界的に知られるようになり、現在ではTシャツのデザインとしても人気です。

→正解 明石海峡大橋(主塔)

解説 　明石海峡大橋は兵庫県にある世界最長の吊り橋で、神戸市垂水区と淡路市を結んでいます。

　3911mという全長に注目が集まりますが、実は高さ298.3mがあべのハルカスの300mに次いで日本第4位という巨大建築なのです。

　ちなみに、明石海峡大橋の全長は、阪神淡路大震災の影響で1m伸びました。

明石海峡大橋
写真提供:ピクスタ

社会
問題 14

レベル：★★★★

経済学において粗悪な中古品しか出回らない市場のことを、酸っぱくて旨味のない果物にたとえて何という？

一度聞いたら忘れられない用語です。

正解 *Answer*

レモン市場

Explanation
解説

　近年人気のある「情報の経済学」という分野において、1970年代にジョージ・アカロフらが分析の対象としたことで注目されたのがレモン市場。アカロフは、このような市場においては「粗悪な品ばかりが増えていく」ということを理論的に提唱しました。

　これはこのような仕組みです。中古車市場では、買う側はその中古車がどれくらい悪いものかわからないため、平均的な値段をつけて買うことになります。すると、平均より良い中古車を持つ人は損をするので、その車を市場で売らなくなります。そのような過程で中古車の質が下がると、買い手はますます出すお金を渋ります。すると売り手が売る車の質も下がり……とスパイラルに陥って、最終的には悪い車しか残らない、という原理です。この現象を「逆淘汰」と呼びます。

　情報の経済学は大変に面白く、「なぜ学歴が大事なのか」「なぜスーツを着てネクタイを締めないといけないのか」「なぜ保険にはあんなにたくさん条件がつくのか」などを理論的に説明付けることができます。詳しく知りたい方は神取道宏先生の名著『ミクロ経済学の力』をぜひ。高校生でも頑張れば読めます。

　レモンに対し、良い品のことはピーチと呼びます。X JAPAN の hide がこの "lemon" という表現を気に入っており、ソロ活動において随所で使っていたことが音楽ファンには有名です。

問題 15

紀元前3世紀に起こった第二次ポエニ戦争では、カルタゴの将軍ハンニバルがアルプス山脈を越えてローマを攻めた大遠征が有名です。
2016年、調査チームのメンバーである北アイルランドの微生物学者クリス・アレンが、この遠征の詳細なルートがわかったと発表しましたが、この研究で"重要な証拠となったもの"は何？

問題 16

1980～90年代の商業用音源をリミックスして楽曲を作る音楽ジャンル「vaporwave（ヴェイパーウェイブ）」。
ここから派生した、vaporwave風の曲に社会主義国でのプロパガンダ音声をリミックスして楽曲を作るジャンルのことを、vaporwaveをもじって何という？

正解 → # 地中に堆積した動物の糞

解説

ハンニバルのアルプス越えについては、ハンニバルが象に乗っていたというエピソードが有名ですが、このような大遠征では多くの馬などの動物が移動のために必須でした。

大群が移動した場所には、同じく大量の動物の糞が残るもの。問題文にあるように「微生物学者」であるアレン氏はこのことに目をつけ、地中の堆積物から、アルプス越えに近い年代の動物の糞の層を発見しました。

異なる分野がリンクして歴史的事実が解き明かされる、というのはなんともロマンチックなものです。糞だけど。

正解 → # laborwave
（レイバーウェイブ）

解説

laborwave は "labor（＝労働）" と名のつく通り、ソ連などで用いられていたプロパガンダ音声、プロパガンダ音楽をリミックスして曲を作る音楽ジャンルです。

vaporwave はニューミュージックのジャンルとして一定の地位を築いていますが、laborwave にその力はなさそう、というのが現状でしょうか。

YouTube では "LENINGRAD IN LOVE"、"Красный Утопия（赤いユートピア）" などの曲が聴けます。

博識 社会 問題17

レベル:★★★★★

「内閣支持率と与党第一党の政党支持率の合計が50%を切ると、政権が打倒される」という日本政治界における経験則を、かつて官房長官も務めた自民党の政治家の名前から何という？

政治について
知ったか
ぶれる
マメ知識！

正解 青木の法則
（青木方程式）

解説

　テレビの政治ニュースで取り扱われることは少ないものの、記事などではたびたび登場するのがこの「青木方程式」。小渕内閣と森内閣で官房長官を務めた青木幹雄による持論が広まったもので、政権交代の目安としてしばしば引用されています。

　この概念を拡張したものに、国政選挙で用いられる「青木率」があります。青木の法則の数値（％なので、50なら0.5）に非改選議席数を掛けると、その選挙での獲得議席数が予測できる、と言われている数値で、こちらも株式投資などの目安としてしばしば使われています。

　あくまで経験則ではあるものの、ある程度統計的な信憑性もあるとされているので、政治ニュースを見る際にはぜひ参考にしてみてください。経験則とはいえ「参院のドン」と呼ばれた大物政治家の作り出した指標、恐るべし……。

問題 18

社会　レベル：★★★★★

上空から見た形が特徴的な、このエチオピアの世界遺産は何？

写真提供:ピクスタ

どうにかして一度行ってみたい！

--→ 正解 聖ゲオルギウス教会（聖ジョージ教会）
（ベテ・ギョルギア）（ラリベラの岩窟教会群）

解説

　中世のエチオピアはイスラム勢力に支配されており、キリスト教徒は迫害を受けていました。聖地エルサレムへの巡礼路もイスラム勢力に押さえられて巡礼が行えなかったため、第二のエルサレムとしてラリベラという町に築かれたのが、この聖ゲオルギウス教会（ベテ・ギョルギア）をはじめとする教会群です。

　細い切り通しを歩き、隠された地下道を出ると、この深く掘られた教会にたどり着きます。エチオピアのキリスト教徒はこの「地下の教会」に隠れて祈りを捧げていたのです。

　特徴的な見た目、上空からの俯瞰での出題しやすさなどから見て、今後の『東大王』にいかにも出そうな世界遺産だと勝手に思っています。

聖ゲルオギウス教会
写真提供：ピクスタ

社会
問題 19

レベル：★★★★★

16世紀半ばの九州で勢力を誇った戦国大名・龍造寺隆信。
彼に仕え、その武勲で知られた「龍造寺四天王」も、隆信以上に人気のメンバーたちです。さて、彼ら「四天王」の、最も特徴的な点といえば？

武将好きな人ならぜひ正解したい！

正解 四天王なのに5人いる

解説

龍造寺隆信は肥前国（現在の佐賀県）の戦国大名で、一代にして大名として独立、九州北部を手中に収めるなど高い手腕で知られた人でした。その冷酷さと戦の強さゆえ「肥前の熊」と呼ばれた猛将です。

そんな隆信を支えた「龍造寺四天王」は、よく「四天王に挙げられる人物が5人いる」ことで歴史マニアの話題になります。成松信勝、江里口信常、百武賢兼、円城寺信胤、木下昌直の5人で、江里口と円城寺のどちらかがメンバー外だったり、木下がカウントされていなかったり……。文献によって大きな差があるのです。

主君である隆信と四天王の5人は、1584年に行われた沖田畷の戦いにて全員戦死します（木下のみ生存説あり）。この戦いの後、島津家が九州の最大勢力となり覇権を押し広げていくのです。哀れ5人の四天王……。

龍造寺隆信の肖像
写真提供：アフロ

問題 20

レベル：★★★★★

6世紀の中国・北斉で活躍した武将・高長恭(こうちょうきょう)。一般には「蘭陵王(らんりょうおう)」として知られる彼は、常に鉄の仮面を着けて戦場に臨んでいました。もっとも、これは当時の武将では珍しくないことでしたが、その人物像ゆえに後世にて「仮面を着けていた理由」が伝説として付け加えられました。
そのトンデモな理由とは？

戦場で仮面は蒸れそう……

--→ **正解** **イケメンすぎて
顔を出していると
兵士の士気が落ちるから**

解説

　蘭陵王こと高長恭について最もよく知られたエピソードは、この仮面のエピソードでしょう。イケメンかつ勇猛、謙虚で、一人の女性を愛し抜き……と、どこまでも主人公な生き様で知られる彼は、仮面を着けた美貌の男として後々に語り継がれました。

　その最期もドラマチックで、あまりにカッコ良すぎて頭も良かった蘭陵王は、皇帝から嫉妬されてしまい、自ら毒杯を飲み死ぬように言われてしまいます。長い間嫉妬を受けていたため皇帝の前ではアホそうに振る舞うなど気を遣っていた蘭陵王ですが、いかんせんカッコ良すぎました。潔く毒杯をあおり、33年の短い生涯を閉じたのです。

　こんなマンガのような男が放っておかれるわけもなく、日本の雅楽や中国の京劇では彼の生き様を題材とした作品が知られています。

「蘭陵王」を演じる京劇　写真提供:ピクスタ

常識 科学　レベル：★

問題1

明治日本の陸海軍は、当時原因のわかっていなかった病・脚気に悩まされていました。その際に陸軍医を務め、「脚気の原因は細菌である」と頑なに主張し続けたことが黒歴史的に扱われることの多い偉人は誰？

多才だったことには変わりないですけどね。

→ 正解
森鷗外

解説

『舞姫』などで知られる文豪・森鷗外は、陸軍の軍医としても有名でした。

ドイツで医学を学んだ理論派の森は、軍で頻発していた脚気の原因は細菌だと主張し、実践的な疫学を根拠とする海軍軍医・高木兼寛(たかきかねひろ)と対立します。

ビタミンB1の不足によって起きる脚気は、玄米やパンを食べることによって改善されます。食生活の不安定な軍内においてビタミンは欠乏しやすく、それが発症の原因になっていましたが、高木は食事を変えると発症率が下がることに着目し、海軍の脚気を減らすことに成功しました。

一方の森は、この高木の実験結果を知りながら細菌説にこだわり、陸軍もまた白米食を変えようとはしませんでした。陸軍は後に「脚気惨害(さんがい)」と呼ばれる、脚気による兵力への無視できない打撃を受けることとなり、森の頑なな態度は後世に株を下げる結果となりました。

森鷗外
写真提供:国立国会図書館

高木兼寛
写真提供:アフロ

問題 2

英語で「ボクサークラブ」や「ポンポンクラブ」と呼ばれるカニの一種は、両方のハサミである生き物を"持って"生活しています。名前からも推測できる、その生き物とは何？

名前から想像すれば正解できるはず！

→ 正解 Answer
イソギンチャク

解説 Explanation

　ボクサークラブは、和名をそのまま「キンチャクガニ」と言います。普段はハサミで小さなイソギンチャクを持ち、敵を威嚇しながら過ごしています。ハサミの力は弱く、イソギンチャクを挟むくらいにしか使えませんが、プランクトンなどを食べる際には一回イソギンチャクを置いてから食事に入るという、なんともお上品なやつです。

　一方のイソギンチャクは、この食事のオコボレをもらいながら生きています。とはいえ、この共生関係、カニがイソギンチャクを何かの拍子に落としてしまうと突如として終わりを迎えるのでは……と思った方、ご安心ください。カニはそんな時、もう一方のイソギンチャクを2つに割いて両手に持つのです。再生能力によって数日後には元のスタイルに戻り、まさに両手に花といった塩梅です。

キンチャクガニ　写真提供:ピクスタ

問題 3

科学　レベル：★★

銅の元素記号「Cu」は、ラテン語で銅を表す "cuprum" に由来します。
では、古代より銅の産出地として栄えたため、このラテン語の由来、ひいては銅の元素記号の由来となった地中海の島は何？

現在でも国の名前になっています。

→ 正解 Answer
キプロス島

解説 Explanation

　キプロス島は地中海の東部、トルコのそばにある島で、地中海では3番目の大きさを誇ります。国土の大部分はキプロス共和国の土地ですが、トルコとの領土問題を抱えていたり、イギリスの飛び地があったりして複雑です。キプロスの国旗には島のシルエットがまるごと描かれています。

　キプロスでの銅の生産は今から5000年ほど前に始まったとされており、しかもこれは最も古い銅の採掘と言われています。このため、銅といえばキプロスのもの、ということで「銅」そのものを指す言葉に地名が冠されたのです。

　ちなみに、英語で銅を指す "copper" もこのラテン語から。銅メダルのことを "bronze medal" と言いますが、これは使われるのが銅ではなく青銅だからです。

キプロスの国旗　写真提供:ピクスタ

問題 4

19世紀半ばに麻酔術が確立されるまでの外科手術では、痛みを緩和するために「メスメリズム」と呼ばれる方法が使われていました。
これは今日のある「術」の基となった技法なのですが、さてそれは何？

問題 5

その顔料には体内に入った放射性セシウムの排泄を促す効果があり、薬剤としても使用される、駅伝ファンには山梨学院大学のシンボルカラーとして知られる青色の一種は何？

→ 正解 *Answer*

催眠術

解説 *Explanation*

　メスメリズムは、18世紀に活躍したドイツの医師メスメルが開発した治療法で、動物磁気なるものを体内でコントロールすると称していました。実際のところは暗示や催眠の類でしたが、実際に患者の痛みを和らげる力があったため、麻酔が誕生するまでは麻酔代わりに使われていたのです。「催眠をかける」「魅惑する」などの意味を持つ英単語"mesmerize" は、このメスメリズムを語源としています。個人的には、SYSTEM OF A DOWN の名盤『MEZMERIZE』が思い起こされます。

→ 正解 *Answer*

プルシアンブルー

解説 *Explanation*

　1704年にベルリンで働いていた錬金術師ヨハン・ディースバッハが顔料を開発。ベルリンがあった国・プロイセンにちなんでプルシアンという名前がつけられ、日本ではベルリンがなまった「ベロ藍」という名でも呼ばれます。

　危険な放射性セシウムを吸着し排泄を促すものの、使い方を間違えれば体内に放射性物質を閉じ込めることになるため、大変厳重な管理制度が作られています。

発想 科学 レベル：★★★★
問題6

隕石の国際的な命名の慣例で、発見された隕石の名前は揉め事を避けるべく、世界中に存在するある施設にちなんで名付けられることが一般的です。
さて、その施設とは？

発見しても自分の名前はつけられません。

正解
郵便局

解説

　隕石の命名にあたって集配郵便局名が用いられるのは、それが最も簡潔な方法だからです。

　たとえば、発見者の名前を冠する場合は、複数の人物が名乗り出るとやっかいなことになります。森林地帯や砂漠に落ちた場合は、行政の管轄が及んでいないことも少なくありません。

　しかし、集配を担当する郵便局は、世界中のほとんどの地域で決められているため、このような命名方法が選択されました。

　2018年には日本で8例目の鉄隕石「長良(ながら)隕石」が認定されましたが、こちらも岐阜県の長良郵便局にちなんで命名されています。

「長良隕石」を発見した岐阜市の会社員、三津村勝征(みつむらかつゆき)さん
写真提供：共同通信社／ユニフォトプレス

問題 7

江戸時代の和算書『算法少女（さんぽう）』からの改題です。
ある棒を川に垂直に立てたところ、水面の上には32cmだけ棒が出ていました。さて、この川の深さを測るには、次にどのような動作を取れば良い？
ただし、水面上のものについては長さを測ることができるものとします。

計算に入る前にちょっとした工夫を！

正解 棒の下端を川底につけたまま、上端が水面と同じ高さになるまで倒す

解説

『算法少女』は1775年に書かれた数学書で、壺中隠者と名乗る千葉桃三と、その娘である平章子によって書かれたとされています。現代にも通じる初等、中等数学の問題が多数収められており、序文に書かれた円周率についての本質的な議論も含め、大変おもしろい書物になっています。小寺裕『和算書「算法少女」を読む』でその詳細な内容を訳文付きで読むことができ、今回もそこからの引用です。

さて今回の問題は、序盤でカンタンな問題として紹介されているもの。棒を倒して元あった位置との距離を測る……というアイディアをひねり出さなくてはならないものの、そこをクリアすれば高校数学で解けます。

水面上には、32cmと、倒して測った長さ(仮に80cmとする)という2辺を持つ直角三角形があります。さらに角度を計算することで、水面上の三角形と水面上+水面下の三角形が相似を成すことがわかるため、比を使って水面下の棒の高さ、すなわち水深がわかるというわけです。江戸の子供も大変だったんですね……。

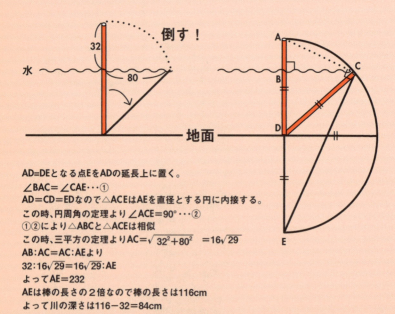

AD=DEとなる点EをADの延長上に置く。
∠BAC＝∠CAE・・・①
AD＝CD＝EDなので△ACEはAEを直径とする円に内接する。
この時、円周角の定理より∠ACE＝90°・・・②
①②により△ABCと△ACEは相似
この時、三平方の定理より$AC = \sqrt{32^2 + 80^2} = 16\sqrt{29}$
AB：AC＝AC：AEより
$32 : 16\sqrt{29} = 16\sqrt{29} : AE$
よってAE＝232
AEは棒の長さの2倍なので棒の長さは116cm
よって川の深さは116−32＝84cm

問題 8

1993年、
早稲田大学名誉教授の菊山榮（きくやまさかえ）が、
雄イモリの性フェロモンである
物質を発見し、

「ソデフリン」

と名付けました。
この名前の由来となる
和歌を詠んだ飛鳥時代の人物は誰？

正解

額田王
ぬ か た の おおきみ

解説

　1995年、イモリの性フェロモンを発見した菊山榮は、雄のイモリがフェロモンを発する際に尻尾を振る様子を額田王の有名な和歌になぞらえて「ソデフリン」と名付けました。古典の教科書などにも載る、額田王の代表的な和歌はこちら。

「あかねさす　紫野行き　標野行き　野守は見ずや　君が袖振る」

　これは美女だったと言われている飛鳥時代の女性・額田王が、かつての夫であった大海人皇子との思い出を詠んだもので、立ち入りが禁じられるような場所で二人戯れあった様を詠んでいます。「袖を振る」は愛情を示す仕草であり、ソデフリンは袖を振った大海人皇子を、雄のイモリになぞらえているわけです。

　ちなみに「恋人を振る」という時の「振る」も同じような語源です。かつて未婚女性は振り袖を着ており、相手の好意に対して応じる時は袖を横に、応じない時は縦に振るという習慣がありました。ここから「振る」が求愛を断る意味になったとされています。

面白 科学

問題 9

レベル：★★★★★

$$N = R f_p n_e f_\ell f_i f_c L$$

この式は、1961年にアメリカの天文学者フランク・ドレークが発表した「ドレークの方程式」と呼ばれるものです。
この式で推定されているのは、ずばりどんなものの数？

解けたら
ワクワクする
式です。

正解 人類と
コンタクトしうる
地球外文明の数

解説

　フランク・ドレークはアメリカの天文学者で、人類初となる地球外知的生命体との接触計画「オズマ計画」を主導したことでも知られています。彼が発案した「ドレークの方程式」は、我々人類とコンタクトしうる地球外文明が、この銀河系の中にどれだけいるかを推定するために作られた式です。

　この式にはややこしい変数がいくつか登場しますが、変数の見積もりを常識的な範囲で行えば、ほぼ答えが1より大きい、つまり地球外文明は存在するという結論が導き出されます。しかし、これは未だにそのような文明が見つかっていない事実と反しており、このことは「フェルミのパラドックス」と呼ばれています。

　多くの科学者がこの「フェルミのパラドックス」に（半ばジョークとして）答えらしきものを残しています。その中でも最も有名なのが「地球外文明は既に地球に来ている。それはハンガリー人だ」というもの。ハンガリーがヨーロッパの中でも独特な文化を持っていることと、「火星人」と呼ばれコンピューターの父でもある科学者ノイマンら、多くの天才を生み出していたことから来たジョークでした。ちゃんちゃん。

問題 10

レベル：★★★★★

1989年からその存在が観測されている「世界で最も孤独なクジラ」と呼ばれるクジラの一個体が太平洋に生息しています。
その姿は未だに観測されたことがないにもかかわらず、「孤独である」と断定されているのです。
さて、そのクジラが「孤独」と呼ばれるのはなぜ？

正解 他のクジラより
格段に高い声で
鳴いているから

解説

　クジラが声を出してコミュニケーションを取ることは有名です。通常は周波数10〜40ヘルツほどの音で鳴きますが、この「孤独なクジラ」は52ヘルツで鳴いています。

　確認されている限りでは、このような高い声で鳴くクジラはおらず、海中マイクでの音声分析からも、たった一頭の個体がこの声を出していることが判明しています（クジラの声はかなり遠くからでも観測が可能です）。

　つまり、このクジラは誰とも会話することができていないのです。実際に音声から判明した移動の軌跡は、他のクジラとかかわりのないものになっています。

　現在でもこの「52ヘルツのクジラ」がどの種類のクジラかは判明していませんが、混血か障害を持った個体ではないか、と言われています。

常識 文化

レベル：★

問題 1

パブロ・ピカソやジョルジュ・ブラックが創始した現代絵画の流派「キュビスム」。描かれた人の顔がいくつにも分断されているのは、カンタンに言えば対象をどう表現したかったから？

なぜ凄いのか？という視点は常に大事！

→ 正解 立体的に描きたかったから

解説

　「キュビスム」という名前は立方体、すなわちキューブに由来しており、日本語では「立体派」と呼ばれます。

　その名前の通り、絵画という平面の上に、本来は立体的であるはずのモノをそのまま立体として描こうとしたのがキュビスムでした。ですので、人の顔を描く時は、顔の輪郭の中に色々な角度から顔を眺めた様子を、顔を分割して角度ごとに描き込んでいます。それがあのような形で表現されているのです。

　たとえば、ピカソの代表作『泣く女』は、顔の上半分が正面方向から、下半分が横方向から見た時の様子で描かれています。写真など、モノを平面的に切り取る手法が確立されてきた中で、ピカソらは絵画において立体をより立体的に表現しようと努めたのです。

2018-Succession Pablo Picasso - BCF(JAPAN)

博識 文化 レベル:★★
問題 2

1965年から翌年まで日本テレビで放送されていた『金曜夜席(よるせき)』といえば、何という長寿番組の前身となった番組?

常識 文化 レベル:★★
問題 3

ジャズの肝となる要素として、よく愛好家が使う用語"インプロヴィゼーション"。日本語で言うと、どんな意味?

正解

『笑点』

解説　『金曜夜席』は、1965年の3月から翌年4月まで、夜22時半から45分間放送されていた番組。寄席の観客が減っていることを懸念した七代目立川談志が、自ら日本テレビに企画を持ち込む形で実現した番組でした。

　内容を大喜利に絞ったのも、落語を流すと長くて CM が入れられないからという談志のアイディア。野球中継のずれ込みなどで放送がたびたび潰されながらも、しぶとく人気を博し、翌年には日曜夕方の枠に「昇格」し、現行のスタイルとなりました。『笑点』というタイトルは、「金曜」が入っていて元々のタイトルは変更を余儀なくされたため、談志が当時のヒットドラマ『氷点』にちなんで名付けたと言われています。

正解 # 即興演奏

解説　インプロヴィゼーションは、日本語では「即興演奏」と表される通り、その場で考えたフレーズで曲を埋めていくことを指します。厳密な定義によると、決められたコード進行に従って自由なフレーズを演奏する「アドリブ」とは違い、完全にその場で考えた、縛りのない演奏を指して用いられます。

　そもそも、インプロヴィゼーション自体はクラシック音楽でもよく用いられており、バッハやモーツァルトなど多くの大作曲家がこれを得意としました。ジャズの源流の一つであるブルースにも、「アドリブ」の領域ではありますが、演奏家が自由に技巧を披露できるパートが用意されています。また、ひとくくりにジャズと言っても、即興演奏を用いないものも多くあります。

　とはいえ、ジャズを特徴付ける一要素として、「インプロヴィゼーション」は必ず挙げられる用語といえるでしょう。

問題4 文化　レベル：★★★

海外の名作小説に登場する

「プルートー」
や
「ピート」

といえば、どんな動物の名前？

多角的な知識を動員して！

正解 Answer

猫

解説 Explanation

　プルートーはエドガー・アラン・ポーの『黒猫』、ピートはロバート・A・ハインラインの『夏への扉』に登場する猫です。

　特に『夏への扉』は「猫SF」と呼ばれる一大ジャンルのさきがけと言われる名作で、飼い猫にピートと名付けている人はだいたいSFファンです。僕は見たことがありませんが。

　一方で『黒猫』は猫を虐待して痛い目にあう恐怖小説なので、『夏への扉』と併せて読むのは避けたほうが良いでしょう。

　個人的には、山下達郎の名盤『RIDE ON TIME』に収められている、同作品をモチーフにした一曲『夏への扉』が印象深いです。『MY SUGAR BABE』への曲の流れも完璧。

『夏への扉』(早川書房/著:ロバート・A・ハインライン/訳:福島 正実)

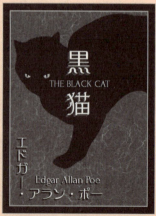

『黒猫』(集英社文庫/著:エドガー・アラン・ポー/訳:富士川 義之)

問題 5 文化 レベル：★★★

西洋絵画において、

鷲　冠　雷

などと共に描かれることが多い、
ギリシア神話の神は誰？

> 絵画鑑賞がちょっぴり楽しくなる知識です。

正解 Answer

ゼウス

解説 Explanation

　西洋絵画においては、描かれている人物が誰なのかを示すため、「この人物ならコレ！」という、ゆかりのアイテムがよく描き込まれます。

　このアイテムを「アトリビュート」と言い、ポセイドンなら三叉の槍、ヘラクレスなら棍棒、使徒ペテロなら鍵……といったものになります。

　ギリシア神話の最高神であるゼウスは雷の神であり、お供に黒鷲を連れていました。オリーブの冠はゼウスの象徴とされ、マラソン競技の優勝者にオリーブの冠が与えられたのも、オリンピアの地域がゼウスの加護を受けていたからとされています。

　カンタンにでもこの「アトリビュート」を覚えておけば、西洋絵画を見る技術がグッと向上します。

発想 文化

問題 6

レベル：★★★

アニメに登場した場所を巡る
「聖地巡礼」が根強い人気を誇っていますが、
この写真の場所は
何というアニメの「聖地」でしょう？

写真提供:ピクスタ

作り込みが
凄いアニメは
知識の宝庫！

正解
『フランダースの犬』

解説

　『フランダースの犬』のラストシーンについては、知っている方も多いでしょう。生きることに絶望した主人公ネロは、かねてより目にしたいと思っていたルーベンスの『キリスト昇架』と『キリスト降架』を見るべく大聖堂に行き、そこで愛犬パトラッシュとともに息絶えます。

　その舞台となったのが、ベルギーはアントワープにあるこのノートルダム大聖堂。世界遺産にも登録されており、手前にはルーベンスの像もあります。

　<u>「ノートルダム大聖堂」</u>といえばパリにあるものが有名ですが、フランス語で「私達の貴婦人」という意味の通り、<u>聖母マリアに捧げられた教会全般を指す名前なのです。</u>

左:『キリスト降架』
写真提供:アフロ

右:『キリスト昇架』
写真提供:アフロ

文化

問題 7

レベル：★★★★

アイスランド出身の世界的ロックバンド・sigur rós（シガー・ロス）。
ボーカルでギタリストのヨンシーは、ある特殊な方法でギターを演奏することで有名です。
通常はギター演奏に使わないある道具を使うのですが、さてそれは何？

音楽に使う
ある道具を
使って
演奏します。

--→ 正解 Answer
バイオリンの弓

解説 Explanation

　近年ではフジロックでヘッドライナーを務めたり、映画『宇宙兄弟』に名曲『Hoppipolla』が使われたりと、日本での話題も多い sigur rós。ボーカル・ギターのヨンシーは世界でも珍しい「ボウイング奏法」の使い手として知られています。

　ボウイング奏法とは、バイオリンやチェロの弓を用いて、ギターの弦をこすって音を鳴らす演奏方法のこと。元々は Led Zeppelin のギタリストである御大ジミー・ペイジがたまに使っていた奏法ですが、本格的に取り入れた上で、第一線で活躍しているのはヨンシーくらいのもの。

　重厚でゆらぎの多い音が出ますが、そもそも音を出すこと自体が難しいようです。

sigur rósのボーカル・ギターのヨンシー
写真提供：ナノム

問題 8

バカなミステリー・バカミスの代表作と言われている蘇部健一『六枚のとんかつ』。
主人公は身代金要求の電話の音声からわずかに聞こえる「ガッツ石松、ガッツ石松」という声に注目し、事件を解こうとします。
案の定これは空耳だったのですが、さて正しくは何と言っていた？

問題 9

元々はブードゥー教の司祭が与えていた幸運のお守りを指す言葉で、転じて「幸運」や「魔力」、さらには「麻薬」を指す言葉として洋楽の歌詞にたびたび登場するのは何？

正解 「バックします、バックします」

解説　第3回メフィスト賞を受賞したものの、あまりのバカさ加減に賛否両論を巻き起こしたのが、蘇部健一『六枚のとんかつ』。連作短編集になっており、今回は、その中でも最も高名（？）な短編『音の気がかり』からの出題です。

その他にも、表題作『六枚のとんかつ』では島田荘司『占星術殺人事件』のトリックを豪快にネタバラシしたり（それについての注意喚起の注釈がついている）、バカすぎて文庫化するまでにお蔵入りになっていた短編すらあったり……と何かといわく付きの作品です。

正解 mojo

解説　"mojo" は「モジョ」と読み、スラングとして様々な意味で使われます。元々は一部の黒人が信仰していたブードゥー教のお守りで、中に色々なものを入れた袋を指していました。主に黒人たちの間では恋愛のお守りとして用いられていたようで、戦前のブルースなどの歌詞によく登場しました。

これが戦後のロックシーンに広まり、それらの音楽に取り入れられていきました。同時に、魔力から連想される「麻薬」の隠語としての登場回数も増えていきます。日本では斉藤和義の曲名に用いられていますね。

有名どころでは、The Beatles の名曲『Come Together』に "mojo filter"＝「麻薬のような害あるものを取り除いてくれるフィルター」として登場しています。この曲のこのくだりは、ジョン・レノンがリンゴ・スターについて歌ったものと言われており、リンゴがメンバーの仲裁役であったことを示している……という説もあります。

問題 10 文化 レベル:★★★★★

インドのニューデリーにあるこの建物は、世界的にも有名な施設です。
さて、何をするための施設?

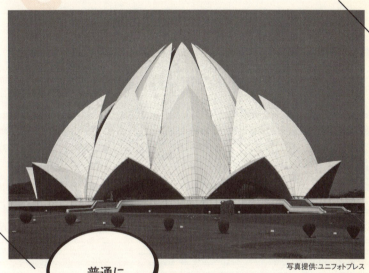

写真提供:ユニフォトプレス

普通に
ガチ『東大王』
対策です!

→ 正解 Answer
祈りを捧げる（寺院）

解説 Explanation

　きれいなハスの形をしたこの建物は、「ロータス・テンプル」と呼ばれる寺院です。

　19世紀にペルシャ（現在のイラン）で誕生した一神教・バハイ教の寺院であり、中の広々とした空間では信者が祈りを捧げています。

　宗教としての本部はイスラエルにありますが、日本を含め世界各地に信者がいるメジャーな宗教であり、このインドにも多くの信者がいることから豪勢な寺院が建てられました。

　この特徴的な外観もまた、『東大王』に出てきそうな……。

ロータス・テンプル
写真提供：アフロ

発想 恋愛

問題1

レベル：★

かつて恋人同士での連絡にも多用されたポケベル。さて、当時のポケベルで使われていたメッセージで、

「15618513」は「おはよう」を表しましたが、

「1112324493」

は何という言葉を表した？

世代の方には超カンタン!?

正解
あいしてる

解説

ポケベルは、相手が電話から送ってきた文字列を受け取ることができる小型の機械で、1990年代に大流行しました。特に90年代半ばまでは数字しか送れなかったため、問題文にあるような暗号チックな文章が飛び交っていました。

ポケベルでの数字メッセージには色々なパターンがあり、「14106」を「アイシテル（1は英語のアイ、4はシ、10は英語の ten ＝テ、6は無理に読んでル）」と読むような当て字読みがよく使われていましたが、今回問題にしたような「ひらがな表と対応させるパターン」の読み方もありました。

この問題では、11＝1行目の1列目＝あ、12＝1行目の2列目＝い、32＝3行目の2列目＝し……というふうに読んでいきます。

ポケベル　写真提供:ピクスタ

		2回目に押すボタン										
		1	2	3	4	5	6	7	8	9	0
1回目に押すボタン	1	ア	イ	ウ	エ	オ	A	B	C	D	E
	2	カ	キ	ク	ケ	コ	F	G	H	I	J
	3	サ	シ	ス	セ	ソ	K	L	M	N	O
	4	タ	チ	ツ	テ	ト	P	Q	R	S	T
	5	ナ	ニ	ヌ	ネ	ノ	U	V	W	X	Y
	6	ハ	ヒ	フ	ヘ	ホ	Z	?	!	ー	/
	7	マ	ミ	ム	メ	モ	¥	&	時計	電話	カップ
	8	ヤ	（	ユ	）	ヨ	＊	#	空白	ハート	空白
	9	ラ	リ	ル	レ	ロ	1	2	3	4	5
	0	ワ	ヲ	ン	゛	゜	6	7	8	9	0

ポケベルの数字と文字の対応表

問題 2

博識 恋愛 レベル：★★

傑作恋愛映画『アメリカン・ビューティー』から。
この作品のタイトルは、ある花の一品種の名前です。
作品全体を通してモチーフとなっているその花は何？

映画を観たことがあれば楽勝！

→ 正解
バラ

解説

　アメリカン・ビューティーは赤いバラの品種で、映画内の各所に登場し、DVDのジャケットにも描かれています。

　中年男性とティーンの恋愛を軸に、アメリカ中流家庭の内情を描き出したと評されるこの映画において、見た目の美しさと、その内部の崩壊というテーマを象徴するアイテムです。一度見た人には忘れられないモチーフでしょう。

　青春恋愛映画が得意じゃないのですが、こういうドロッとした恋愛モノは大変に好きです。監督はサム・メンデス、『007 スペクター』も手がけています。『スペクター』の公開日、僕は受験を控えた高3で、学校をサボって池袋のロサに見に行きました。そんな思い出。

「アメリカン・ビューティー」(1999)
写真提供:アフロ

博識 恋愛

問題 3

レベル：★★

では、ちょっと気合を入れたデートで使えそうな問題も。
高級なディナーで、写真のように貝や水牛の角でできた小ぶりなスプーンを使う場面があります。
さて、そのときに出る食材は何？

博識 恋愛

問題 4

レベル：★★★

乾杯にはやっぱりシャンパン。
シャンパングラスの底の部分には、普通のグラスではまず行わないようなある加工が、あらかじめ施されていることがあります。
泡立ちを良くするために行われるその加工とは？

写真提供:ピクスタ

---> **正解** *Answer*

キャビア

解説 キャビアはチョウザメの卵を塩漬けにしたもの。フォアグラやトリュフと共に世界三大珍味に数えられており、その深い味わいを色々な食べ物に添えて楽しみます。

キャビアのキモは「口の中に広がる香り」。これを金属製のスプーンですくうと、たちまち金臭い香りがキャビアについてしまい味を損ねます。そのため、キャビアをすくう時は動物由来の、香りの移らないスプーンを使うことが多いのです。

もっとも、家庭で食べられるようなキャビア缶には木べらなどがついていて、それですくえるようになっています。金属製の食器を使わない、ということを心がければ、粗相をしないで済みますね。

---> **正解** *Answer*

傷をつける

解説 完璧に磨かれたきれいなシャンパングラスは、ガスがひっかかる部分がないため、シャンパンを注いでも気泡が立ちません。

普通はグラス内のホコリなどによって気泡が発生しますが、よりきれいな泡立ちを実現するため、高級なグラスでは底部に傷がつけられます。

これにより、グラスの中心にまとまった泡が立ち、見た目も味も良いものになるのです。

問題 5

発想 / 恋愛　レベル：★★★

英語での国名に、世界で唯一
「LOVE」
という文字が入っているため、
愛のある国
として PR を行っている国はどこ？

頑張れば探せる！しらみつぶしに！

正解 Answer

スロベニア

解説 Explanation

　スロベニアはイタリアの東にあるヨーロッパ中央部の国であり、旧ユーゴスラヴィア諸国のひとつです。ユーゴ解体後に独立した各国の中では民主主義の浸透が早く、政治的にも安定しています。

　スロベニアはアルファベットで綴れば "Slovenija"。中にしっかり "LOVE" が入っています。首都リュブリャナはスロベニア語で「愛された」を意味する "ljubljena" とつづりが似ており、これらのことから観光の面では「愛のある国」として訴えかけているのだとか。

　また、国民のおよそ250人に1人が養蜂業を営むなど蜂蜜の国としても知られており、蜂蜜と小麦粉を使ったハート型菓子「レツッターハート」は大変長持ちすることから「永遠の愛の象徴」として結婚式などで贈られます。

　小さな国土の中には温泉地が点在し、また「カルスト地形」の由来となったカルストという場所があるなど鍾乳洞地形でも有名です。素朴ではあるけれども、愛のある新婚旅行の目的地としていかが？

レツッターハート　写真提供:ユニフォトプレス

問題 6

平安時代を代表する色男・平貞文(たいらのさだふみ)。彼は女性の家に行く時、水を入れた瓶を携帯していました。さて、これは何をするために使うものだった？

問題 7

日本の仏教者について詠んだ有名な川柳「弘法(こうぼう)は裏　親鸞(しんらん)は表門」。
さて、この裏、表とはそれぞれ何を表している？

正解 → 泣き真似を
するため

解説

　　平貞文は平安時代の貴族です。政治的な業績よりも、その文才や好色ぶりで知られ、同じくプレイボーイの在原業平と共に「在中・平中」と称されました。『古本説話集』によると、平中は嘘泣きをして気を引くため、硯に水を差すための瓶を携帯していたといいます。ある日、妻がこっそり中身を墨と入れ替えたところ、顔を真っ黒にして帰宅した、という話が有名です。

　　このように、平安時代は繊細な感情を持つ男性が格好良いとされており、「男らしい」男性がモテたのは武士が台頭した鎌倉時代以降のことだそうです。

正解 → 裏＝男性愛
表＝女性愛

解説

　　弘法大師（空海）は、唐で仏教を学んだ後、高野山に金剛峯寺を開いたことで知られる僧侶です。

　　当時の唐では男性愛や少年愛が盛んでした。空海はそれらの文化を日本に伝えたことで知られ、また女性との恋愛を厳しく禁じていたため、高野山では男性愛がメジャーとなっていたと言われています。

　　それに対し、親鸞は当時の潮流に背いて肉食妻帯を貫いた僧侶です。

　　人がありのままの姿で教えに励むことを説いた親鸞を、空海と対比させる形で詠んだのがこの川柳なのです。

問題 8

博識 恋愛　レベル：★★★★

与謝野鉄幹の門下生として与謝野晶子と短歌の腕を競い合い、同時に鉄幹を巡る恋のライバルでもあった女性歌人で、武家の子女であったため許嫁との結婚により鉄幹を諦めざるを得ず、その夫から感染した結核により29歳の若さで亡くなったのは誰？

何かと幸薄く、それゆえに美しい方です。

正解
山川登美子
（やまかわとみこ）

解説

　福井・小浜藩士の家に生まれた山川登美子は、与謝野鉄幹が主催する文学誌『明星』のメンバーとなり、鳳晶子（後の与謝野晶子）らと共に創作に励みます。

　鉄幹への思いを詠んだ歌を多く残しますが、親による縁組には逆らえず恋を諦め、鉄幹は晶子と結婚。

　その後出版した詩歌集『恋衣』には、共著者である晶子の「君死にたまふことなかれ」が載っており、これが批判された影響で山川は日本女子大学予備科を休学させられてしまいます。

　最期は結婚の2年後に死別した夫から感染した結核で他界。時代の旗手となった晶子の陰に隠れましたが、その生き様もまた美しいものでした。

山川登美子
写真提供:朝日新聞社/ユニフォトプレス

恋愛 問題 9

レベル:★★★★★

時を経てもなお、人の愛は普遍です。
古代ローマの最盛期を築いたハドリアヌス帝は、寵愛した美青年アンティノウスがナイル川で溺死した際、大いに悲しみました。そして彼を永遠に残しておくべく、あるものに彼の名をつけて後世に残しました。
さて、アンティノウスの名がつけられたものとは何？

愛を永遠にする方法を考えましょう。

正解 Answer

星座

解説 Explanation

ハドリアヌス帝は、2世紀のローマ帝国を治めた名君主で、いわゆる「五賢帝」の3番目に数えられます。内政の安定に尽力し、また国内を外敵から守るため「ハドリアヌスの長城」を築いたことでも有名です。

彼が愛した美青年アンティノウスは大変なイケメンであり、ハドリアヌスから寵愛を受けましたが、ナイル川での溺死という謎の死を遂げます。その経緯について詳しい記録は残されていませんが、ハドリアヌスはたいそう悲しみ、彼を「神」と定めました。これにより現代まで多くの彫像が伝わっています。

それに飽き足らないハドリアヌスは、なんと一部の星を結んで「アンティノウス座」を作ってしまいました。現在のわし座の一部であったアンティノウス座は、中世までは存在していたものの、現在の88星座からは外されてしまっています。

発想 恋愛 問題10

レベル：★★★★★

世界屈指のプレイボーイといえば、映画『007』シリーズに登場するジェームズ・ボンドでしょう。

『007 カジノ・ロワイヤル』において、ヒロインのヴェスパーと食事をした際、ボンドは出されたカクテルに「ヴェスパー」と名付けます。

なぜ私の名前を？と問うヴェスパーに返答した、ボンドのキザすぎるセリフは何？

このセリフが似合うのは世界でもボンドだけ。

正解 一度味を知ると、これしか欲しくなくなるから。

解説 Explanation

　イギリスの作家イアン・フレミングが生み出した世界的諜報員ジェームズ・ボンド。彼に与えられたコードネームが「007」です。その肉体、思考、センス、そしてユーモアで世界を股にかけつつ数多くの女性を落としていきます。

　硬派な演技で人気の6代目ボンド俳優ダニエル・クレイグが初めて起用され、たちまち大人気作となったのが『007 カジノ・ロワイヤル』。ボンドが007となって初めての事件を扱ったこともあり、ヒロインのヴェスパー・リンドとはかなり深い仲になります。演じているエヴァ・グリーンがまたキレイで……。以後の作品でもボンドがヴェスパーの件を引きずっている描写があるなど、作品に愛されたヒロインと言えるでしょう。

　アストンマーティン、オメガのシーマスター、ウォッカマティーニと、ボンドの魅力を引き立てるアイテムは男の憧れでもあります。後ろ2つはなんとかなっても、アストンマーティンだけは厳しいなぁ……。

問題1

元々は、なかなか帰らない客に苦心していたバーテンダーが生み出したアイディア商品で、ショックで死ぬ人が出たとも言われるその辛さから名前がつけられた、アメリカのブレアーズが発売するソースは何？

問題2

バンダイのトレーディングカードシリーズ「カードダス」。
この「ダス」は、ある意外なものにちなんで名付けられました。「子供の情報源になるように」という願いが込められたものですが、さて何にちなんでいる？

正解 デスソース

解説

1990年代、夜中になっても帰らない客に迷惑していたブレア・ラザーは、「完食すれば居座ってもよい」というルールの下で、激辛ソースを使ったチキンウイングの提供を始めました。これが話題を呼び、使われていたハバネロソースを商品化したのが現在のデスソースです。テレビ番組やYouTubeでは罰ゲームの定番となっており、デスマッチでもアイテムに使われるなど凶悪な辛さを誇ります。

正解 アメダス

解説

アメダス（AMeDAS）は、"Automated Meteorological Data Acquisition System" の頭文字を取って名付けられたもので、日本各地に設置されている気象庁の「地域気象観測システム」です。1974年から各地で運用が始まり、その設置数を増やしながら「気象の情報源」として活躍し続けてきました。このことにあやかったのがバンダイの「カードダス」で、「キャラクター情報の発信源」という意味合いからアメダスにちなんだ名前にしたそうです。

発想 ライフ レベル：★★

問題3

2017年に竹下製菓が発売したアイス "DO NOT EAT"。中身はちゃんとしたアイスが入っていますが、パッケージに工夫があります。
さて、名前からも想像できる、このアイスの「工夫」とは何？

商品名から、日常を思い出して！

--→ 正解 見た目が保冷剤にそっくり

解説 Explanation

　竹下製菓の"DO NOT EAT"は、同社の人気アイス「ブラックモンブラン」をひとつ袋に詰めただけの普通のアイスです。

　しかし、パッケージにはペンギンのイラストとともに"DO NOT EAT（※食べてはだめ）"という文字が規則的な間隔で印刷されていて……早い話が「保冷剤」にそっくりな見た目をしているのです。

　この見た目では、中身がアイスだと知っている人以外は冷蔵庫を開けてもスルー必至でしょう。「買っておいたアイスを勝手に食べられる」というベタな悲劇はこれで防げるはずです。

　ただ、発売当初から人気を集めているらしく、認知度が上がればガード効果は下がる……？

DO NOT EAT
写真提供:竹下製菓

問題 4

墓石の代わりに「あるものの下」に遺骨を埋めるという埋葬方法が、安さなどの点から近年注目されています。さてそれは何の下？

最近、電車の広告などで見かけます。

正解 Answer

樹の下

解説 Explanation

　遺体を樹の下に埋める「樹木葬」は、墓石や墓標の代わりに木を植え、その下にお骨を埋葬する方法。あまり大きくならない木を植えて目印にします。

　日本では1999年に初めて認可が降り、最近では電車の車内広告でも見かけるようになるなど広がりを見せています。

　墓地にする土地の不足や管理の手間・費用の少なさなどが人気の理由で、単身者などお墓の管理者がいない人にも適しています。

　日本ではあまり馴染みがありませんが、韓国ではそもそも樹木葬が奨励されており、埋葬方法の主流になりつつあります。

「樹木葬」平面型にあり樹林墓地」
写真提供：共同通信社／ユニフォトプレス

問題5

レベル：★★★

男性用のYシャツは、その多くが不要なほど長い裾を持っています。
普段はズボンに入れるから見えはしませんが、一見不要に見えるゾーンです。
これはかつてYシャツがある用途に使われていた名残なのですが、それは何？

→ 正解

下着の代わり

解説

　かつて、Yシャツは現在とは違い、肌着として用いられていました。さらには今のようにパンツを履く習慣もありませんでした。なので、Yシャツの長い裾を股の下に通してボタンで留め、その上にズボンを履いていたのです。う〜ん……。

　そのような経緯もあり、少し大きめに作られていることが多いYシャツ。日本のビジネスマナーでは、袖もジャケットから少し出るくらいが清潔感があって良いとされています。下着だったのに。

問題6 博識 ライフ　レベル：★★★

つま先には

「スマイル」

かかとには

「ヒゲ」

と呼ばれるマークがついていることが特徴の、コンバースの定番スニーカーは何？

この本の僕の写真でも履いています。

正解
ジャックパーセル

解説

コンバースのスニーカーの中でも、「オールスター」と人気を二分しているのが、この「ジャックパーセル」。1935年に発売されるとロングセラーとなり、ジェームズ・ディーンやカート・コバーンといったアメリカンカルチャーの象徴たちに愛されました。

ジャックパーセルという名前は、カナダのバドミントン選手ジョン・エドワード・ジャック・パーセルにちなみます。バドミントン競技の黎明期に活躍し、世界チャンピオンに輝いた伝説のプレーヤーです。彼が開発に携わったことで、スポーティかつ耐久性に優れた動きやすいスニーカーになっています。

「スマイル」は、つま先に施された緩やかにカーブするラインで、笑った口元のように見えることから名付けられました。「ヒゲ」は、かかとについている向かい合う2つの直角三角形で、まさしく「チョビ髭」のような見た目をしています。

ジャックパーセル
写真提供:コンバースジャパン株式会社

問題7

アメリカの大学で使われる俗語で、"Mickey Mouse class"（ミッキーマウスクラス）といえば、どんな授業のこと？

問題8

料理の世界でよく言われる、「海の魚と川の魚では、脂の乗っている部位に違いがある」ということを漢字4文字で表した言葉は何？

→ 正解 カンタンに単位が もらえる授業

解説

　大学で楽に単位が取れる授業を日本では「楽単」と呼んだりしますが、そのアメリカ版がこれ。

　ディズニー映画のストーリーが単純であることや、かつてミッキーマウスが描かれた安価で粗悪な時計が量産されていたことなどから、ミッキーマウスは英語のスラングで「くだらないもの、チープなもの」を意味するようになりました。

　この他にも、能力のないスポーツ選手を「ミッキーマウスプレーヤー」と呼ぶなど、使い方は多彩です。

→ 正解

うみ　はら　かわ　せ
海腹川背

解説

　数ある四字熟語の中でも特に実用的なのがこれ。海の魚は腹に、川の魚は背により脂が乗っているということを言った言葉です。

　またこの事実から派生した「海の魚は腹を手前に、川の魚は背を手前に来るように配膳する」というルールもこう呼ばれています。この時、魚の頭はどちらも向かって左側に来ます。

　この四字熟語をタイトルにしたスーパーファミコンのアクションゲーム『海腹川背』もヒットを記録しました。むしろこちらの用例のほうが馴染み深い方も多いかもしれません。

問題 9

ライフ　レベル：★★★★

ハサミにおいて、
2枚あるハサミの刃をつなぎとめる、
丸いポッチ
のことを何という？

日常のあらゆるものに名前が付いています！

正解 Answer
かしめ

解説 Explanation

　ハサミの支点となる接合部分のことを「かしめ」と言います。これは元々、金属の板同士を接合する作業を「かしめる」と呼んでおり、「かしめた」部分であるため名付けられました。

　そのため、ハサミに限らず、金属同士がつなぎ合わされている部分全般を指しており、漢字では「加締め」と書きます。

　日常生活で意識することはありませんが、工具を扱う人たちの間では日常的に交わされる用語です。ハサミを見たときにはぜひ思い出してください。

発想 ライフ
問題 10

レベル：★★★★★

東京都内の名門・聖路加(せいるか)国際病院は、キリスト教の理念に基づいて設立されたこともあり、院内の大きなチャペルが有名です。このチャペルの壁には、病院ならではのある工夫が施されているのですが、さてそれはどのようなもの？

実は「せいろか」は正式な読みではありません。キリスト教の聖人ルカにちなみます。

→ 正解 酸素供給用の配管が通っている

解説

聖路加国際病院は、東京都中央区にある病院で、日野原重明氏が院長を務めていました。1992年に完成した新病棟は、広い廊下や各種設備の豪華さなどが話題になりましたが、一方でチャペルなどにお金をかけたことに対して批判する向きもありました。

しかし、日野原氏は設計当時、かつて目にした東京大空襲で急患が満足に手当てされなかったという経験を参考にして、救急設備に投資していたのです。その一環が広いチャペルやロビーで、壁一面に酸素供給用の配管を張り巡らせたり、椅子がベッド代わりになったりと、様々な工夫がなされていました。

1995年、地下鉄サリン事件が起こると、事件現場からほど近い聖路加国際病院に多数の急患が運ばれてきましたが、これらの設備のおかげで多数の急患を受け入れ、適切な治療を行うことができました。過去に学び、経験を疎かにしない日野原医師の先見性が窺えるエピソードです。

聖路加国際病院 写真提供:ピクスタ

問題1

野球において、一般に

「右投げの投手に有利」

と言われるのは、右打者、左打者のどちら？

問題2

サッカー中継でよく言われるセリフ「〇〇選手はボールウォッチャーになっていましたね」。
これって良いこと、それとも悪いこと？

正解

左打者

解説

　野球における代打策では、基本的に相手ピッチャーが左投げなら右打者、右投げなら左打者を送るのが有利とされています。

　右打者が右投げ（or 左打者が左投げ）の投手に向かうと、背中側からボールが来るように見えて見づらいから、というのが定説です。これを覚えておくだけで、誰が代打に出てくるか、だいたい予想できます。

正解

悪いこと

解説

　ボールウォッチャーとは、簡単に言えば「ボールの動きに気を取られて相手の動きを見ていない選手」のこと。相手のパス回しに翻弄されているディフェンスの選手について言われることが多く、ボールだけでなく相手選手の動きをしっかりとケアすることが良いディフェンスの鉄則とされています。

　同じく中継でよく聞く言葉に「楔のパス」があります。これはディフェンスを背負ったフォワードに送られる縦方向のパスのことで、相手にとって危険なフォワードにボールを持たせることで相手ディフェンス陣をボールウォッチャーにし、二列目の選手が動きやすくする効果を狙ったものです。この２つを覚えておけば、ナイスなフットボールウォッチャーになれるはず!?

スポーツ 問題3　　レベル：★

近年日本で盛り上がりを見せる

「RAGE」

や

「EVO」

といえば、どのようなスポーツの大会？

今こそ知っておきたい最先端の知識です！

--> 正解

eスポーツ

解説

　eスポーツはいわゆる「コンピューターゲーム」をスポーツとして捉えたジャンルで、アメリカや韓国などで高い人気を誇ります。日本でも国際的な流れに従って盛り上がりを見せており、2018年にはプロ認定を行う統括団体 JeSU が誕生しています。

　「RAGE」は株式会社 CyberZ とエイベックス・エンタテインメント株式会社が運営している大会で、格闘ゲームからスポーツゲームまで、幅広いタイトルでそれぞれ王者を決める形式です。

　「EVO」はアメリカで立ち上げられた格闘ゲームの世界的大会で、2018年には日本でも初開催されました。海外の大会では賞金も超高額で、日本からも東大卒プレイヤーの「ときど」氏などが世界的名声を得ています。

eスポーツ
写真提供:アフロ

スポーツ
問題 4

レベル：★

相撲における基本技術である、相手が脇に手を入れてきた時、脇をグッと締め、相手の肘を手で内側に押すことを何という？

相撲中継の実況をよーく思い出して！

→ 正解 Answer
おっつけ

解説 Explanation

「おっつけ」は相撲における基礎技術のひとつですが、どのようなものを指すかは映像を見ていてもいまいちわかりません。脱初心者を目指す上では押さえておきたい用語筆頭です。

「おっつけ」とは、脇に手を入れてきた相手力士に対し、脇をきっちり締めて腕の動きを封じ、同時に相手の肘を自分の手で内側に押すことで手の自由を殺してしまう技術のことです。「押し付け」が変化した言葉であり、自分の肘を脇に押し付けるようにして相手の手を止めることからその名がつきました。

脇に手を入れられ、まわしをとられると分が悪くなります。脇に入った手を自由にさせず、しかも内側に押して相手を崩そうという「攻防一体の技」が、このおっつけなのです。

問題5

ジムに置かれることの多い筋トレマシンで「トーソローテーション」や「アブドミナルクランチ」といえば、どこの筋肉を鍛えるもの？

問題6

テニスのコート。現在のルールにおいて、審判が審判台を降りることが圧倒的に多いのは、ハードコート、クレーコート、グラスコートのうちどれ？

正解 腹筋

解説

　　　　　腹筋と呼ばれる筋肉は、腹直筋、外腹斜筋、内腹斜筋、腹横筋から成ります（もっとも、腹直筋のみを腹筋と呼ぶことも少なくありません）。このうち、アブドミナルクランチは腹直筋を、トーソローテーションは腹斜筋を鍛える器具です。

　アブドミナルクランチは座って用いる器具で、背中側にあるグリップを握って上体を前に倒すことでウェイトを持ち上げて腹直筋を鍛えます。トーソローテーションは器具の上に膝立ちになって体をひねり、その動きでウェイトを持ち上げ腹斜筋を鍛えます。

　いわゆるシックスパック、キレイに割れた腹筋を見せたい場合はアブドミナルクランチが、流麗なくびれを作りたい場合はトーソローテーションが良いとされています。書いていたら鍛えたくなってきました。

正解 クレーコート

解説

　　　現在、多くのプロテニスの大会では「ホークアイ」と呼ばれるシステムが導入されており、微妙な判定に対しては多角的に配置されたカメラでボールが入ったかどうかの判定を行います。

　しかし、クレーのコートだけは別。コートに跡がつかないハードコート（アスファルトやセメントと樹脂）やグラスコート（芝）と違い、土のコートであるためボールの痕跡が残ります。そのため、微妙な判定の際は主審がボールの跡を確認するために審判台を降りることが多くなるのです。

問題 7

スポーツの用語。
「ボックスステップ」といえば、ボクシングではなく、どんなものの基本動作？

問題 8

競技として行われる対戦形式の空手は、「伝統派空手」と「フルコンタクト空手」の二種に大別されます。
この二種の最大の違いは、「フルコンタクト」という言葉からも推測できるどんな点？

正解 Answer

ダンス

解説 Explanation

　ボックスステップは、社交ダンスやヒップホップダンスにおける基本的なステップで、足を置く位置が四角形を描くことからこう呼ばれます。基本中の基本であるためアレンジして披露されることがほとんどですが、歌番組などのバックダンサーを見ているとよく登場します。

　平成24年度から中学校の体育でダンスが必修となり、その中の選択科目のひとつに「現代的なリズムのダンス」、つまりはヒップホップダンスなどが加えられました。このあたりの知識も仕入れておかないと、現代っ子に置いていかれる!?

正解 Answer

寸止めするか、当てきるか

解説 Explanation

　空手の分類には様々なものがあり一概にくくることはできないものの、「伝統派」「フルコンタクト」を対比させた際には、この打撃方法の違いでの分類とするのが一般的です。

　伝統派空手に分類される団体の試合では、基本的に打撃は寸止め、もしくは当たった瞬間に止める当て止めが採用されます。これに対しフルコンタクト空手では、直接打撃と呼ばれる、しっかりと打ち合う方法が採られています。

　日本における競技としての空手は前者の伝統派が主流でしたが、漫画『空手バカ一代』で有名な大山倍達、および極真カラテの台頭により、フルコンタクト空手もまた地位を確立しました。

問題 9

コーナーポストにいる相手に対して、自分もろともコーナーポストから落ちてかけるタイプのプロレス技を、ある自然現象にたとえて「何式」という？

問題 10

サッカー中継で耳にする言葉で、イタリア語では「ドッピエッタ」、ドイツ語では「ドッペルパック」といえば、どういう意味？

--→ **正解 Answer**

なだれ
雪崩式

解説 Explanation 「雪崩式」はプロレス技の区分のひとつで、ブレーンバスターやフランケンシュタイナーといった、相手の体が見事に宙を舞うような技で用いられる形式です。一連の雪崩式は、相手も自分もコーナーポストにいなければならず、アクロバティックな技であるため、敵の協力がある程度求められます。

　日本にこの雪崩式を持ち込んだのは、国際プロレスや全日本プロレスで活躍した阿修羅・原。アメリカ遠征にて雪崩式ブレーンバスターの開発者であるスーパー・デストロイヤーと対戦した際に技を盗み、日本へと導入してフィニッシュホールドとしていました。

--→ **正解 Answer 一人の選手が**
　　　１試合で２得点を
　　　挙げること

解説 Explanation 最近は日本でも耳にすることが増えてきたこれらの用語。ドッピエッタはセリエＡ（イタリアリーグ）の選手に、ドッペルパックはブンデスリーガ（ドイツリーグ）の選手に使われることが多いため、ブンデス所属選手が多い日本では後者をよく耳にします。

　「ドッペル」は英語の「ダブル」に当たり、「ドッペルゲンガー」（自分の姿を自分で見る幻覚の一種）のドッペルと同じ。元々は２個で１セットの商品を指す言葉でした。

　ちなみに、一試合で３点を決める「ハットトリック」は有名ですが、こちらは元々クリケットの用語で、３球で３人をアウトにした投手に帽子が贈られたことに由来します。

144

問題 11 スポーツ レベル：★★★

アメリカの野球・メジャーリーグの中継で、実況アナウンサーが
"Hasta la vista!"(アスタ ラ ビスタ)、
"See you later!"、
"Good Bye baseball!"
などと発するのは、何が起こった時？

問題 12 スポーツ レベル：★★★

「AGLEYMINA.EXE」
「BREX.EXE」
「DIME.EXE」
といえば、日本におけるどんなスポーツの強豪チーム？

--→ 正解 *Answer*

ホームランが出た時

解説 *Explanation*

メジャーリーグの現地中継では、各地の名物アナウンサーが実況を務めることも多く、各自工夫を凝らして番組を盛り上げます。

そんな中で盛り上げの定番なのが、ホームランが出た時のセリフ。スタンドへと消えていく打球に対してお別れを告げることが多く、これらの表現が使われています。"Hasta la vista!" はスペイン語で「さようなら」を意味する言葉で、映画『ターミネーター２』の有名なセリフでもおなじみ。もちろん、現地語の中継を日本で聞ける機会はあまりありませんが、NHK BS1『MLB ザ・ベストプレー』などで確認できます。

--→ 正解 *Answer*

３人制 バスケットボール

解説 *Explanation*

３×３はひとつのゴールと1チーム３人のプレイヤーを用いて行われる特殊なバスケットボール。ストリートでの遊びとして人気があったものが段々と競技化されていき、日本では「３×３ PREMIER.EXE（スリー・バイ・スリー・プレミア・ドットエグゼ）」として2014年にプロリーグが立ち上がりました。このような動きは世界的にもかなり先進的と言われています。

AGLEYMINA.EXE は浜松にあるフットサルチーム「アグレミーナ浜松」の姉妹チームだったり、BREX.EXE はバスケットボールチーム栃木ブレックスの系列だったりと、チーム設立の経緯は様々。競技スペースをあまりとらないため、ショッピングモールの中庭などが会場になることも多く、地域密着で人気が高まっています。

博識 スポーツ
問題 13
レベル：★★★★

日本の自転車愛好家の中でいつしか使われるようになったため、対応する英語などは存在しない、自転車ロードレースの世界などで「登ることが大変に困難な坂道」を表して使われる漢字二文字の言葉は何？

東京都文京区には「これ」がめちゃ多い気がします。

正解
激坂(げきざか)

解説

　正確な定義はないものの、ロードレース実況や自転車ファンの間では頻繁に使われる言葉となっています。

　自転車ロードレースにおいては山道での登坂が一つの見所であり、スペインのレース「ブエルタ・ア・エスパーニャ」のゴール地点となることの多いアングリルや、奈良県と大阪府の間にある暗峠(くらがりとうげ)が激坂として有名です。

暗 峠(くらがりとうげ)の最大勾配箇所(大阪～奈良、国道308号)
写真提供:ピクスタ

スポーツ　レベル：★★★★

問題 14

サッカーのフォーメーションは、ディフェンダーーミッドフィルダーーフォワードの順で書くのが普通。
現在は4-4-2や3-5-2といったフォーメーションが一般的ですが、1900年頃に主流となっていた、今では考えられないフォーメーションは何？

小学生の『ウイニングイレブン』にありがち。

正解 *Answer*

2 − 3 − 5

解説　なんと20世紀初頭のサッカーは、選手の半分がフォワードだったのです。

　というのはこの当時、「パスを受ける選手とその選手が目指すゴールとの間に、相手選手が3人以上いなくてはならない」という現在より厳しいオフサイドのルールが定められていたから。ラグビーのように、前方にパスを出すことへの強い制約が残されていたのです。

　このフォーメーションはその形からVフォーメーションなどと呼ばれ、草創期のサッカーでは一般的なものでした。しかし、時代が進むにつれフォワードは減っていき、2000年代中盤からはASローマやバルセロナ、アトレティコ・マドリーが志向した4−6−0（通称ゼロトップ）が一世を風靡するなど、絶えず進化を続けています。

2-3-5

4-6-0
（ゼロトップ）

問題 15 スポーツ
レベル：★★★★

バスケットボール中継などで
よく使われる俗語で、
バックボードに当てて決めるショットを

"bank shot"

と言いますが、これはなぜ？

バスケ経験者なら知ってるはず！

--→ 正解 銀行にお金を預けるくらい確実だから

解説

　バックボードに跳ね返らせるショットは、ある程度実力がある選手なら確実にゴールが奪える技です。この確実さが「銀行にお金を預けるくらい安心」ということで "bank shot" と呼ばれるようになりました。

　バスケはアメリカンカルチャーの一部として、多くのスラングと共に発展したと言っても過言ではありません。スリーポイントシュートを表す "downtown" などは、中継でも頻出のワード。

　こう呼ぶようになった理由としては、郊外にあるバスケットコートから見て遠くにあるダウンタウン（都市部の下町）くらい遠くからのシュートだからとか、かつて "downtown" というあだ名で呼ばれた選手がスリーポイントを得意としたからなど、諸説あります。

スポーツ
問題 16

レベル：★★★★

1978年のヤクルトで1番打者として活躍し、球団を初の日本一に導いた助っ人外国人選手で、この年の4月1日に彼が2塁打を打った際、観戦していた村上春樹が小説家になることを志したというエピソードで知られるのは誰？

村上さんはヤクルトファンクラブ名誉会員。

正解 Answer
デーブ・ヒルトン

解説 Explanation

　アメリカ出身のデーブ・ヒルトン（ジョン・デビッド・ヒルトン）は、1978年にヤクルトと契約すると強打の1番打者として活躍し、先頭打者本塁打シーズン8本という当時の日本タイ記録を残しました（現在は巨人の高橋由伸が2007年に記録した9本）。

　当時ジャズ喫茶「ピーターキャット」のマスターだった村上春樹は、神宮球場でヒルトンがヒットを打った際に作家デビューを思い立ったと自身のエッセイで何度か言及しており、『デイヴ・ヒルトンのシーズン』という作品も残しています。

デーブ・ヒルトン
写真提供:共同通信社/ユニフォトプレス

問題 17

オランダの国民に人気の「ワドローペン」は、オランダ国土の地理的特性を利用したスポーツです。老若男女に愛されるこのスポーツは、どのようなことを行うもの？

問題 18

箱根駅伝のスターであるギタウ・ダニエル、ダンカン・モゼなどを輩出したことで駅伝ファンにおなじみの、ケニアの名門高校の名前は何？

→ 正解 干潟を歩く

解説 オランダは、国土の1/4が海面より低い干潟です。ワドローペンは直訳すると「浅瀬歩き」。その名の通り、干潮時に現れる浅瀬をみんなで歩き回るスポーツです。ぬかるんで動きづらい土地を歩き回り、運動するのです。

主に北部のワッデン海で行われており、国民的スポーツと呼べるほど人気があります。もちろん、ハイキングのようなものなので競技ではありませんが、意外と疲れるんだとか……。

→ 正解 ガル高校

解説 ガル高校（Ngaru Secondary School）は、ケニア中央部のキリニャガ・カウンティの中心都市であるケルゴヤにある高校。「キリニャガ」はアフリカ第二の高峰ケニア山の現地での呼び名で、北に数十キロ進めばケニア山の頂上があるような標高2000mオーバーの高地にガル高校は位置しています。

駅伝ファンにはおなじみのガル高ですが、その内情はあまり知られておらず、ネットなどにもわずかな情報しか掲載されていません。ガル高生含め来日するケニア勢選手の多くは、ケニアで長年陸上選手の発掘を行っている小林俊一氏（通称ケニヤッタ小林）が実施する試験を経て選抜されています。ミステリアスゆえに魅力的なガル高の内情を、いつかOBが語ってくれないか……と、コアな駅伝ファンは望んでやまないことでしょう。

スポーツ 問題 19

レベル：★★★★★

アメリカのプロアイスホッケーリーグ NHL において、おそらく最も有名な日本人選手はタロウ・ツジモトでしょう。1974年にドラフト11巡目でバッファロー・セイバーズに指名された彼の、

最も特徴的な点といえば？

どこにでもいそうな名前の彼。正体はなんと……！

→ 正解
架空の選手である

Explanation

　1974年当時、NHLのドラフトは電話指名で行われており、手続きが大変煩雑だったため長い時間がかかりました。それを皮肉りたかったセイバーズGMのパンチ・イムラックは「架空の選手のプロフィールを詳細に作り、指名する」というジョークを考えつきました。そこで生み出されたのが、日本から来た謎の選手ツジモトタロウです。

　トーキョー・カタナズという架空のチームでスター選手だったツジモトについては、当然誰もが知らなかったものの、緻密なジョークのせいで見事にその指名が受理され、各種ガイドブックに名前が載る事態となりました。

　ウソ自体はシーズン前にネタバラシされましたが、これを面白がったのがセイバーズのファン。大量点差で負けている時は "We want Taro" というチャントを歌い、選手が描かれたトレーディングカードにもなり、セイバーズの選手一覧には未だに名前が残るなどなど……ファンに愛され続けています。

　2005年には福藤豊選手がロサンゼルス・キングスに加入し、日本人のNHL挑戦の扉を開きましたが、タロウ・ツジモトのような記憶に残り続ける選手はまだ出てきていません。

写真提供:ユニフォトプレス

スポーツ 問題20

レベル：★★★★★

1924年、全米プロゴルフ選手権で優勝したウォルター・ヘーゲンは、返還義務のある優勝トロフィーを

うっかりなくしてしまいました。

しかし、このことは1928年までバレずに済みました。さて、なんで？

カッコよすぎるエピソード。こうなりたい！

--→ 正解
優勝し続けたから

解説

ウォルター・ヘーゲンは、戦前のアメリカにおいてプロゴルフをメジャーにした立役者の一人で、伝統のある大会・全英オープンで優勝した初のアメリカ人でもあります。

1916年に始まった全米プロゴルフ選手権において特に実力を発揮し、1921年、24年と優勝を果たしました。この2回目の優勝の際、ヘーゲンはトロフィーをなくしてしまいます。

しかしそこは心配ご無用、当時最強を誇ったヘーゲンは、なんと1927年まで4連覇を果たし、自らのミスをごまかし続けたのです。いや申告しろよ！

1928年に敗れたことでヘーゲンがトロフィーをなくしたことが露見し、急遽新しいトロフィーが作られたのだとか。大会側も確認とかしなかったのか……？という突っ込みどころの多いエピソードです。

ウォルター・ヘーゲン　写真提供:ユニフォトプレス

ここまで解けた君は、
「東大王」だ！

本書を手にとってくださり、僕のクイズに挑戦してくださったみなさん、本当にありがとうございました。「最強クイズ100」はいかがでしたか？

　本書のクイズは、通常の「競技クイズ」的文法をある面で排し、素材の面白さをなるべく損なわないように、もしくはより引き立つように問題文を考案しました。この本を通して、正解の楽しさ以上に「知らない領域を探検する面白さ」をみなさんと共有できたなら幸いです。

　知識は増えれば増えるほど、まだ知らない領域の広さに気付くものだと思います。その領域に踏み入ることは「リスクのない探検」であり、クイズは未知の世界を照らすライトの役割を果たします。あとはもう、好奇心で一歩目を踏み出すだけ。その一歩目のきっかけになりたいと思いながら、いつもクイズを作っています。僕が編集長を務めている「QuizKnock」では定期的にクイズ問題やクイズ動画を配信していますので、そちらもぜひご覧ください。

　最後に、全ての問題について裏取りをしてアドバイスをくださった東大クイズ研の大先輩・田中健一さん、限界ギリギリドライブな執筆を支えてくださったKADOKAWAの松浦美帆さんにも重ねて御礼申し上げます。

→ QuizKnock HP　http://quizknock.com/

お気に入りの一問があったら教えてね！

Thank you, everyone.
See you again!

僕の愉快な仲間たちを紹介します

伊沢拓司(いざわ・たくし)
代表、編集長、ライター

知的集団！
QuizKnock
の裏側に潜入！

こうちゃん
(こうちゃん)

2017年6月より参加。ライター。東大法学部在籍。得意なクイズのジャンルは歴史をはじめとした勉強系、趣味はカラオケ、テニス。

須貝駿貴
(すがい・しゅんき)

通称〝ナイスガイ須貝〟。QuizKnockには、2017年11月から参加。今やムードメーカーとしても欠かせない存在。東大大学院総合文化研究科在籍。専門は超伝導。

川上拓朗
（かわかみ・たぐろう）

QuizKnock初期メンバー3人のうちの1人、ライター。東大文学部在籍。専門は日本語。得意なクイズのジャンルはことば、趣味は読書。

What's Quiz Knock?

伊沢拓司が代表を務める知的集団で、「クイズノック」と読む。主な業務はクイズ作成。また、クイズを使うことで日常の疑問を解決できるような記事を執筆し、Webメディア「右脳も左脳もヨロコブ　QuizKnock」で発表している。メンバーは流動的に変わる20名ほどで構成。

河村拓哉
（かわむら・たくや）

QuizKnock初期メンバーの1人。最近ライターに加え動画の企画も始めた。東大理学部在籍。クイズではゆるめの問題が得意。

ふくらP（ふくらぴー）

QuizKnockのYouTubeで企画・編集を行う。冷静な判断と的確な指示で現場をまとめるプロデューサー。趣味はパズルゲーム。

YouTube動画撮影シーン

QuizKnockの代表コンテンツといえば、なんと言ってもYouTube。クイズはもちろんのこと、入試問題を解いたり、時にはAIと対決したり、「Yahoo!知恵袋」の質問にみんなで答えることも。視聴者を飽きさせないような工夫をこらした動画が人気だ。今回はその撮影シーンを伊沢本人のコメント付きで解説!

出題する
ふくらPは
この辺にいます

「YouTubeは週に1度、主要メンバーで4、5本分をまとめて撮影しています。クイズは、数学、社会、英語、地理と多岐にわたる内容なので、気が抜けません」

ちょっと！初公開

「僕たちは画面を見ながら収録しています」

「この日のクイズは、『内陸国(海に面していない国)で、最も人口が多いのは?』。う〜ん、思い浮かばない」

「ヤバイ、ヒントほしい……。ちなみに、メインのカメラの他には左右にサブカメラがあります。見えるかな」

「うわぁ、全くダメだったわ。こんな感じで、クイズを解くのは毎回真剣勝負なんです」

「収録した動画は、スタッフがいい感じに編集してくれるんです。この画面は過去の収録」

ワードウルフに挑戦!

「今回の撮影では、『ワードウルフ』というゲームも展開されました。ちなみに、毎回どんなことをやるかは、企画スタッフが考えているので、僕はここに来るまで全く知りません」

「『ワードウルフ』っていうのは、1人だけ違うお題を与えられたのが誰かを探すゲーム。例えば、5人のうち4人は『虹』っていうお題を与えられ、1人だけ『オーロラ』だった場合、3分間の話し合いの中で辻褄が合わないことが出てくるんです。でも、みんな頭脳派だから、相手の3歩先くらいまで読んで会話してくるんだよね。だから、誰がワードウルフかは本当にわからないんです」

せーのっ!

3分間の話し合いが終わって、各自「ワードウルフ」だと思った人を指差した瞬間

週1の定例会議

週1の定例会議は、各自の成果を報告したり、YouTubeや記事のアクセス数やヒットしたコンテンツを共有し合うのが主な目的。
また、今後の記事のネタについてもディスカッション。その内容はとても濃厚で知識が問われるものばかり。
さすがはクイズのプロといった感じだ。

「みんな、各自日常の疑問をストックしているネタ帳があるんです。その中から、記事のネタを選ぶんですけど、だいたい7、8割はボツになるんですよ」

「人気のネタは、もっと発展させてさらにおもしろくする。人気がなかったものは改善していく。この繰り返しです」

「いろんなタイプのメンバーが集まっているので、僕も勉強になることばかりです」

QuizKnockのお仕事紹介

QuizKnockが手がけるものは、先に紹介したYouTube動画の他に、バイラルメディア「右脳も左脳もヨロコブ QuizKnock」での記事執筆や企業とのコラボ企画など、多岐にわたっている。ここではその中の一部を、伊沢の解説とともに紹介。

・Web媒体『QuizKnock』

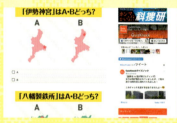

「QuizKnockのライター勢が、1日2、3本、週に25本ほどの記事をアップしています。写真のような純粋なクイズもあるのですが、日常の謎や疑問を解き明かすような内容も多いですね。例えば、『我々と同じ肩で大谷翔平選手と同じ速度で投げるには、どうしたらいいか』など。こういう疑問に対し、科学検証のプロが計算して答えを出しています」

・YouTube

「YouTubeは現在200本以上公開しています。高評価の割合が多く、好意的に受け入れてもらってるのが嬉しいですね」

・企業とのコラボ

「これは2018年の春に、霞が関ビルディング50周年記念企画として、謎解き×クイズラリーという企画を行った時のものです。QuizKnockが問題をご用意させていただきました。その場所ならではの謎解きとクイズは作るのが大変でしたが、やりがいがありました」

・アカウント一覧

WEB >> quizknock.com
YouTube >> https://www.youtube.com/QuizKnock
Twitter >> @QuizKnock
Facebook >> https://www.facebook.com/quizknock/

知的集団はどうやって集められたのか
QuizKnock 誕生ストーリー

2016年10月から活動を開始したQuizKnockは、
総勢約20名のメンバーが集い、活躍の場を広げている。
何がきっかけでこのような知的集団ができあがったのか、
代表の伊沢に聞いてみた。

偶然ある会社の社長さんと出会う機会があり、クイズをやっていることと仲間のことについて話したんです。当時僕らはクイズを作ってお金をいただくというバイトをしていて、それについてもお話ししたんですね。そうしたら、きちんとした集団を作って、クイズを解くことで能動的に学習できるようなメディアを立ち上げたらおもしろいんじゃないか、っていう話になりまして。それで、僕が代表兼編集長を務めさせていただくことになりました。

メンバーは元々の知り合いがほとんどです。立ち上げるにあたり、誰がふさわしいかを吟味して自分自身でスカウトしてきました。7割ほどが東大生ですが、僕は東大のメディアにしたくなかったので、いろんな大学の学生に声をかけたんです。学部も文理もバラしました。写真に写っている6名は、たまたまみんな男子ですが、女子も数人います。

いろんな人がいたほうが、アイディアの幅が広がるからいいんですよね。ほとんどが現役の大学生や大学院生で、学校を卒業して離れた人もいます。メンバーは流動的にしていきたいと思っています。

最初はどんなネタを書いたらいいか、試行錯誤の連続でした。でもおかげさまで今は人気のコンテンツも増えて安定してきたように思います。メンバーは本当に有能で、元々テレビ番組のクイズを作ってたような経歴がある人が多くいる。そういう人たちが協力してくれるのが嬉しいですね。

僕らが作るものは、10代、20代をターゲットにしているんですが、それ以下の子が背伸びして見てもらってもいいし、大人が楽しんでくれるのも大歓迎なんです。僕はQuizKnockで、クイズに潜む可能性を掘り起こすことができればいいなと思っています。

クイズを解くことで
世の中の見方が変わる！

東大王
伊沢拓司 × 桜雪
東大出身アイドル 仮面女子メンバー

対談インタビュー

クイズ番組に出演するにあたり、
伊沢の指導を受けたという
東大卒のアイドル・桜雪。
今では才女っぷりをいかんなく発揮する
クイズプレーヤーだ。
今回は2人の出会いから、
クイズに対する思い、
メディアでの活動について語ってもらった。

169

「伊沢さんのおかげでTVのスペシャル番組で3位。もう伊沢信者になっちゃうよね(笑)」(桜雪)

——まずはお二人の出会いについてから

伊沢拓司(以下、伊沢) 今まで、接点は何度もありましたよね。僕らが最初に会ったのは、2014年の春に行われたTV番組の収録。現役の東大生大集合、みたいな企画だったと思います。

桜雪 そうそう。私アイドル活動は高3からやってるんだけど、4年前までクイズ番組は出たことなくて。その時初めて呼ばれたの。

伊沢 桜さんのことは僕が東大を受験する前から知っていました。東大を目指してる地下アイドルのブログが当時話題になって、「へぇ〜、こんな人いるんだ!っていうか、受かるんだ、すげー!」って。僕も受験勉強に火が付きました!

桜雪 うそーっ。世の中を一番敵に回してた頃ですね(笑)。なんか、自称アイドルが東大目指してる、ふざけんな、みたいな!

伊沢 (爆笑)とにかく、そのTV番組収録時のメンバーってすごく濃い人ばっかりだったんです。今も活躍しているXXCLUB(ちょめちょめくらぶ・お笑いコンビ)の大島さんもいました?

桜雪 そうそう。実は大島くんとは浪人時代の予備校が一緒で顔なじみだったから、いろいろ話してたな。もちろん、伊沢さんが高校生クイズ王だったってことは調査済みだったよ。

伊沢 そのあと、(1年くらい経って)僕のところに「クイズを教えてください!」って来てくださったんですよね。

桜雪 そうなの。私最初は東大アイドルだからできる仕事を狙っていたわけではなかったの。東大を卒業したあと、就職するか迷ったんだけど、結局アイドルを続けていくことを選んだ。それまでは

「自分はそんなに賢くないからクイズはできなくてもいいや」って考えだったけど、タレントとしてやっていくのに結果を残せないのは悔しいと思い直して。それで東大の同級生に「東大のクイズ研究会の人を紹介して！」って頼んで、いきついたのが伊沢さん。

伊沢 共演したこともあって桜さんのことは知ってましたから、「じゃあぜひ」って。

桜雪 それで伊沢さんに教えてもらった勉強法をし始めて2週間くらいしたら、TV番組から出演依頼が来たんだよね。しかも3時間のスペシャル番組。

伊沢 あの時はすぐチャンスが来たんで、「桜さん持ってるな〜」って思いました。50人の中から勝ち抜いて、最終的に3位。優勝も見えてました。

桜雪 伊沢さんのおかげだよ。その時点で、完全に伊沢さん信者（笑）。

QuizKnock（P162）のオフィスにて、クイズ関連の本がずらりと並ぶ。もちろん、就活用の一般常識問題集も。

が、テレビ番組のクイズの難易度に合致しています。出演していたTV番組は出題形式が決まっているから、ある程度予想ができた。こういうジャンルが出るんじゃないかって。

桜雪 斬新だったなー。就活用の一般常識問題集なんて、考えもしなかったから。ちょっと浮世離れした生き方してきたから、自分って常識が抜けてるって思うことがたくさんあった！解くっていうよりもまずは、問題集の重要単語を覚えたなー。

伊沢 わかるかわからないかくらいの、世間的な常識とは少し違う「常識問題」が、TVではよく出る人ですよね。例えば、海外の文学者とか。就活用の一般常識問題集ってこういうのがいっぱい載っ

「教科書の勉強ばっかりしてる人よりも、人生経験を積んだ常識ある大人の方がクイズに正解していくの」
（桜雪）

――**具体的にどんな勉強をした？**

伊沢 実は、就活用の一般常識問題集

てるんです。

桜雪 そういう練習も含めて、クイズって一般常識なのに知らないことを覚えられて勉強になるよね。例えば「天地無用」って言葉も、クイズで初めて意味を知ったの。こういう問題って、変に教科書の勉強ばっかりしてる人よりも、人生経験を積んだ常識ある大人の方が正解していくんだよね。

参考までに、これが伊沢流の早押しスタイル。ボタン近くに顔を寄せて集中し、指で弾くように素早く鳴らす。

伊沢 そうそう。テレビのクイズ番組は人生経験がモノを言うんです。長く生きてる先輩方に勝つには、特殊な努力をしなきゃ。だから、桜さんが50人の番組で下克上していくためには、一般常識を強めないといけないなって思いました。やくみつるさんや宮崎美子さんのようなベテランのクイズ王たちは、経験の厚みで解いていくんです。1つの答えに対して、下の根っこがものすごい。

桜雪 そうそう、派生の知識がすごい。

伊沢 マイナーな知識を問われても、色んな情報から答えにたどりつけるんです。そこが芸能人クイズ王たちのすごさだなあ、と。

桜雪 それと、答えを知ってるだけじゃなくて、押す勇気も必要だってこともわかった。慣れるまではなかなかボタンを押せなかったの。克服するために、クイズの仲間で集まって早押し練習もしたな。〝なんとなくわかった〟くらいでも押せる勇気がついたことで、本番に強くなった気がする。

「クイズが日常生活に役立っているのか、日常生活がクイズに役立っているのか、もはやよくわからない」
（伊沢）

――お二人の膨大な知識は、日常生活ですごく役に立ちそう

桜雪 役立ってる！さっきの「天地無用」もその例。

伊沢 僕自身、人生の半分くらいクイズと共に過ごしているので、クイズが日常生活に役立っているのか、日常生活がクイズに役立っているのか、もはやよくわかんない（笑）。クイズで得た知識で「あー、これ見たことあるわ！」って日常生活上で思うこともありますし、反対もあります。特に日常生活に役立てようとしてクイズに取り組んでるわけじゃ

なくて、ただ楽しいからやってるんですが、やっぱりいろんなところでつながってるのは感じます。

——**東大受験対策と似ているところはある？**

伊沢 僕は対策法を考えるのは元々好きで、クイズもやみくもに覚えるより、この大会はこういう傾向だって対策を練るのが得意でした。それを受験に応用するとなったときに、対策法から入ったほうが早いってわかっていても、どの対策法がいいのかしばらくわからなかったんです。クイズが応用できるのかどうか、手探りしてた半年間は、成績が伸びなかった。それでも諦めなかったのは、やっぱり自分は東大しかないって思ったからです。それと、クイズが強くならない時にどうしたらいいんだろうってことは中学生の時から悩んでたから、それが上手く働いてくれたのかもしれません。物事への取り組み方を僕はクイズから学んだ気がします。

桜雪 確かに応用できるかも。私も受験の時に、白い大きなものに書き込んでいくのが自分に合う暗記の方法だっていうのがわかったの。視覚で位置関係を捉えて相関を覚えて、この辺にこれが書いてあったなーって思い出す。クイズの勉強もその方法でやったら、やっぱり自分に合ってたよ。

伊沢 合格とか不合格だけじゃなくて、どういうパターンが自分に合うのかがわかるっていうのは、受験をしてよかったって思うところですね。桜さんみたいに、「自分にはこれが向いているんだ！」っていうのは、常に戦う状況にある中でわかってくるものだと思います。

「クイズで全力を発揮することに対価が支払われているから、自分の羞恥心なんてどうでもいいんです」
(伊沢)

——**クイズ番組って、プレッシャーあるでしょう？**

桜雪 あるある！このまま1回もボタン押さなかったらTVに映らないし、そしたら私、あとでなんて言われちゃうんでしょうかって（笑）。だから、わからなくても押したほうがいいのかなとか、いらんこと考えちゃうんですよね。

伊沢 そうそう、テレビっていらんこと考えてしまいますよね。最近は慣れてきたから、「これ僕が間違えても影響ないな」って思えるようになってきましたが。

桜雪 うわー、ベテラン感（笑）。

伊沢 いやいや（笑）。最近自分の中で、仕事に対する意識が変わってきたんです。クイズを全力で解くことに対価が支払われているから、自分の羞恥心なんてどう

でもいいんです。そう思ってからすごく楽になりました。

桜雪 そのとおりだと思う！期待されていることと、自分が見せたいものは、たぶん違う。そこをちゃんと割り切れるのはプロだと思う。人からなんて言われようと、その場の中で自分がやるべき役割は、みんなを楽しませること。だから自分の感情は関係ないんだよね。

伊沢 ストーリーの中で自分が1ロールを演じる。それを共演してるプロの方がされているのを目の当たりにして、ハッとする思いでした。

——SNS上でもプロ意識について考えてる？

伊沢 実は僕の場合、個人的に使っていたツイッターのアカウントを、あとで本名名義に変えたんです。

桜雪 えー！個人的に使ってきたアカウントを発信者として使うって珍しい！黒歴史とかあるんじゃない？

伊沢 めちゃキレてるツイートをファンの方に掘り起こされたことがあります（笑）。でもね、僕も一個人ではあるから。プロとしてやるべきことと一個人でやること、同じところでできるんだったらそうしようって思いました。

桜雪 日常感があるほうが、ファンも見ていて楽しいと思う。あんまり情報過多になって大事なものが薄くなるのは嫌だから、ファンの人が楽に追えるくらいの量にしようかなって心がけてる。でもSNSって自分の生身の姿をさらけ出してるものだから、ちょっと緊張するよね。その点YouTubeは編集してくれる人がいるから、客観的な視点が加味されるっていう安心感がある。

伊沢 わかります！自分に決定権がない楽さがありますよね。

「今のクイズブームを上手く乗りこなして、文化にしたい」　（伊沢）

「やりたいって思ったことを実現できる人がたくさん増えるような世の中にしたいな」　（桜雪）

——2人はこれからどういう活動をしていきたい？

伊沢 僕が今やってることって、恒久性がないと思ってるんです。だから、よりよい若手にバトンをつなげるような状態に、常に持っていきたい。残念ながらクイズ文化を広げるのに僕では足りないと思っていて。「み

んなクイズ王になれるよ！」って言いたいけど、実際僕は東大っていう看板を使わせていただいたりとか、これまでクイズ番組にいっぱい出てきたんで、あんまり説得力がないんです。新しいスターが出てきて、クイズを広げてくれれば、役目的には終わりかなと。今のクイズブームを上手く乗りこなして、文化にできたらいい。せっかく今こういう立場をいただいたから、あわよくば東大じゃなく、クイズで語られたいんです。その方が文化のためにもなるから。

桜雪 私はね、今まで散々自分がやりたいことやってきたの。でも最近は、自分ができることをしたいっていう考え方に変わってきた。自分はたまたま環境が恵まれていたのもあって、東大にも合格できたし、アイドルも続けてこられたんだけど、できないって諦めちゃう人が多いんだよね。最近政治の勉強をするようになって、世の中の構造がだんだんわかってきたのね。ここを変えたら変わるんじゃないかって。せっかく発信力が持てるようになったし、他の人にはない経歴もあるから、それらを使って後押しができたらいいな。ねえ、ところで伊沢さん引退しちゃうんだ……。そう思ったらちょっとショックなんだけど！（笑）

伊沢 ははは。クイズプレーヤーは続けていきたいけど、メディアに出るのは次世代にバトンタッチですかね。そもそもそういう路線を最初に作ったのは桜さんだし。僕はついていっただけです。

桜雪 いやぁ、そんなこと言わないで！（笑）

> すげぇ。
> 桜さんって、
> エピソードの
> 1つ1つが
> 強いですね（笑）。

> 東大に
> 通ってた時は、
> 夕方からのライブ出演に
> 間に合うように
> ステージ衣装の上に
> でっかいパーカー着て
> 授業に出てたの。

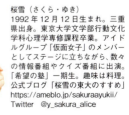

桜雪（さくら・ゆき）
1992年12月12日生まれ。三重県出身。東京大学文学部行動文化学科心理学専修課程卒業。アイドルグループ「仮面女子」のメンバーとしてステージに立ちながら、数々の情報番組やクイズ番組に出演。「希望の塾」一期生。趣味は料理。公式ブログ「桜雪の東大のすすめ」
https://ameblo.jp/sakuraayukii/
Twitter @y_sakura_alice

伊沢拓司（いざわ　たくし）
日本のクイズプレーヤー＆YouTuber。1994年5月16日、埼玉県出身。
開成中学・高校、東京大学経済学部を卒業。現在は東京大学大学院、
東京大学クイズ研究会（TQC）に在籍。「全国高等学校クイズ選手
権」第30回（2010年）、第31回（2011年）で、個人としては史上初の
2連覇を達成した。TBSのクイズ番組「東大王」では東大王チーム
としてレギュラー出演し、一躍有名に。2016年には、Webメディア
「QuizKnock」を立ち上げ、編集長を務めている。

撮影協力
QuizKnock　http://quizknock.com/
株式会社クリープラッツ アリスプロジェクト
株式会社Fast Fitness Japan
中国家庭料理 楊 2号店
　東京都豊島区西池袋3-25-5　TEL:03-5391-6803
喫茶ルオー
　東京都文京区本郷6-1-14　TEL：03-3811-1808

思考力、教養、雑学が一気に身につく！
東大王・伊沢拓司の最強クイズ100

2018年7月5日　　初版発行
2018年9月30日　　4版発行

著者／伊沢 拓司

発行者／川金 正法

発行／株式会社KADOKAWA
〒102-8177　東京都千代田区富士見2-13-3
電話　0570-002-301（ナビダイヤル）

印刷所／図書印刷株式会社

本書の無断複製（コピー、スキャン、デジタル化等）並びに
無断複製物の譲渡及び配信は、著作権法上での例外を除き禁じられています。
また、本書を代行業者などの第三者に依頼して複製する行為は、
たとえ個人や家庭内での利用であっても一切認められておりません。

KADOKAWAカスタマーサポート
［電話］0570-002-301（土日祝日を除く11時〜17時）
［WEB］https://www.kadokawa.co.jp/（「お問い合わせ」へお進みください）
※製造不良品につきましては上記窓口にて承ります。
※記述・収録内容を超えるご質問にはお答えできない場合があります。
※サポートは日本国内に限らせていただきます。

定価はカバーに表示してあります。

©Takushi Izawa 2018　Printed in Japan
ISBN 978-4-04-065003-6　C0076